スピリチュアル メッセージ

生きることの真理

祥伝社黄金文庫

スピリチュアルメッセージ文庫化に寄せて

これから先、日本は存在するのでしょうか？　世界は平和になるでしょうか？　きっとみなさんの心の中では、私と同じような疑問を抱かれているのではないでしょうか？

戦争、疫病、天災、暗殺など、世界は不安ばかりです。そのうえグローバリズムとナショナリズムの摩擦により、陰謀論が現実論として明白になる時代、人間不信、政治不信、社会不信、そして自分自身までもが信じられないと嘆く人々も顕《あらわ》れ自殺も増加。ついにここまできてしまったのかと悲嘆に暮れてしまいそうになります。

私が伝えるスピリチュアリズムの法則として、宿命と運命があります。料理で言えば宿命は素材。運命が料理であり、私たちの人生には「運命の法則」という自身で運命の舵《かじ》を切ることが大切なのですが、社会を見渡すと、未来に対する不安を抱きながらも、あまりにも未来を変えようとする姿勢は見当たらず、その意思が明らかに反映される選挙でも、投票率は国民の約半数。

諦《あきら》めの境地という言葉がありますが、世の人々は、成す術《すべ》もないと思っているのかもしれません。このままでは、冒頭に書きましたように、この国も終わることでしょう。

『スピリチュアルメッセージ　生きることの真理』を出版したのが、二〇〇二年末でした。

私は二〇〇〇年を機に世の中に積極的に発言を始めました。それは世の人々に、本当の幸せを伝えるためです。私の読者様であればご存じと思いますが、私が世に発言し始めた当初より首尾一貫し、物質至上主義のドグマに押し潰《つぶ》されていく未来を危惧《きぐ》し、世に警鐘を鳴らして参りました。そして私の出版してきた書籍の内容がその軌跡です。

この書籍は「霊界通信」です。私の守護霊である昌清霊《まさきよれい》を窓口にして霊界から伝えられる霊界通信です。昌清霊は戦国時代に生きた加持《かじ》祈禱を得意とする、今でいえば霊能力者であり、ヒーラー。当時では修験者、僧侶でした。その昌清霊がなぜ窓口かと申しますと、昌清霊の背後には、霊界のより高次の霊団が控えているからです。この『スピリチュアルメッセージ』には、昨今の御利益を求める、お花畑の低次元なメッセージとは異なり、高次の霊界のメッセージ、不変の神の摂理が伝えられているのです。

そして、今回初めて明かすことですが、このメッセージを受け取るに相応《ふさわ》しい波動の高い清き斎庭《ゆにわ》、清められた神聖な場所を求めて、島根県にある須佐《すさ》神社と川ひとつ挟んだ立地にある宿を選び、そこで合宿のように交霊会を行いました。立会人は編集者さんとライターさんと審神者のみ。

そこで可能な限り交霊会を行ったのです。

もちろんその合宿交霊会は何度も繰り返されました。

それにしましても、この書籍が出版され、世の人々に高次の霊界からのメッセージを届けることは至難の業《わざ》だと思っていました。なぜなら当時の私は世の中に出たての頃ですし、まだ有名な霊能者でもない時代でした。

また出版社は当然ながら、ヒットするような万人向けのライトな内容を好むのですが、この書籍はいわば、ディープでマニアックな霊界通信本です。「どこも受け入れてくれないだろうなぁ」と思いながらも、ある日編集者さんに意を決してお話ししたのです。「実は本を出したいのだけれども……」と話し出すや否や内容も告げていないのにも関わらず「いいよ！　出そう！」と仰《おつしや》ったのでした。これには拍子抜けというか、ビックリ致しました。きっと霊界の導きだったのだと思います。結果的に日本の霊界通信本では記録となる累計四十五万部を超えるベストセラーとなりました。

しかし、その大切な本も、歳月が流れて、世の中から消えかかりそうになりました。私は何とかこの大切な本を世の中に残るように文庫化を希望し出版社さんに働きかけました。

それがこの度、おかげさまで実現しました。

霊界の働きもあると確信します。そしてもうひとりの大切な人が、霊界で働いていると確信しています。それはこの本を大切にまとめてくださったライターさんです。彼女は「自分が死んだら昌清霊と会いたい」と願うほど、昌清霊を最も信頼していた女性でした。しかし私よりも若いにもかかわらず、御病気で帰幽されてしまいました。聡明で霊性の高い人でしたので、早い帰りを許されたのかもしれません。そしてきっと霊界で昌清霊とともに、この霊的真理が多くの人々に伝えられるようにと働いていると確信しています。

そのように必然と思われる導きを得て、この霊界通信は出版されました。お読みになられてお分かりだと思いますが、真理とは永遠不変の摂理であり、神の法則です。たとえどのように時代が変わろうとも、霊的真理は変わらないのです。

最後のチャンス。

この度、この『スピリチュアルメッセージ』は、文庫としてよみがえりました。それは人類に与えられた最後のチャンスとも考えています。大袈裟《おおげさ》と思われる方もいることでしょう。しかし、そう思われる方は、事実から目をそらして生きているのです。

私は断言します。生・老・病・死・苦をはじめ、戦争、疫病、天災、暗殺など、世界の不安から救われる道は、霊的真理でしかないと。それだけにこの『スピリチュアルメッセージ　生きることの真理、死することの真理、愛することの真理』の三部作は、未来につないでいかなければならないものと確信しています。生を見つめることは、いかなる最期を迎えたいかを考える道。死を見つめることにより、いかに生きたいかを考える道。そして、すべての人の生きる目的は愛を学ぶ道。その真実を理解し目覚め、本当の幸せを得ていただきたいのです。それこそが子どもたちや若者たちに明るい未来をつなげる道と確信しています。この暗闇の世に、明るい光が照らされることでしょう。

そして、私は次なる霊界の福音を届けようと考えています。そうです。今こそふたたび霊交の時代と確信しています。しかし、霊界からの声がまだ届けられません。なぜなら、先ずはこの不変の摂理である、『スピリチュアルメッセージ』を今一度理解していただき、たましいが整いましたときに、新たなるメッセージが届けられるものと思っています。

そのメッセージはとてつもなく偉大なメッセージであると予感しています。

未来を拓《ひら》くためのメッセージです。

そのメッセージは、あなたにも届けられます。

必ず届けられます。

江原啓之《えはらひろゆき》

令和四年十一月

まえがき

私が自分にある見えない力に気づき、スピリチュアリズムの意味を自覚して本格的に研究を始めてからずっと、いつの日かこのような本を世に出したいと思い続けてきました。

この本『スピリチュアルメッセージ～生きることの真理』の著者は、正確にいうと、実は「私」であって「私」ではありません。

私の指導霊《ガイドスピリット》であり、良き助言者でもある昌清霊《まさきよれい》のメッセージを、私の肉体を通してお伝えしたものです。

さらに正確にいいますと、昌清霊もまた霊的世界からの声を伝える媒介者にしかすぎません。

つまり、この本に記された言葉は、純然たるたましいの言葉、真のスピリチュアルメッセージなのです。

読者のみなさんが人生に悩んだり、なんとなく生きることがつらくなってしまったとき、どうかこの本を何度でも開いてみてください。

時には言葉を読まずに文字を眺めるだけでもいいでしょう。

活字にはない〝声〟や〝光〟が、そのときの自分のたましいの一番敏感なところに、きっと届くはずです。

それをどう受け止め、どう行動に移すのかは、人生の主人公であるみなさん自身の「思い」しだいです。

世の中で起こるすべての出来事に、偶然はありません。

みなさんが生まれてきた意味も、この世で出会う人たちとの関係も、すべては運命の糸に導かれてのものなのです。

この本を読まれることで、たましいの法則の源流に気づき、みなさん自身にもともと備わっているスピリチュアルな感性がさらに高まることによって、これから先の日々の経験が、楽しく、そして豊かなものになることを心から願っています。

江原啓之

本書を読まれる前に

本書の内容について

本書は江原啓之氏とその指導霊である昌清霊《まさきよれい》との交霊会の記録をまとめたものです。指導霊とは、みなさんがよくご存じの守護霊のなかのひとりです。

昌清霊は戦国の世に生き、もともと京都御所護衛の職にある武士で、のちに出家をし、修験道《しゆげんどう》の行を積み、加持《かじ》による治療に長《た》けていた人でした。

江原氏と昌清霊の交信は約20年前から始まり、その間約2年の期間を除いて、現在まで数多く行われています。

交霊会では、まず参加者全員で「聖フランチェスコの祈り」を唱え、しばらくの間精神統一をしてから江原氏を通して語られる昌清霊の言葉を待ちます。交霊後、それぞれの参加者の質問に対して、江原氏を通して昌清霊の言葉が語られていきます。

本書の言葉の使用法について

実際に江原氏を通して語られる言葉のなかには、いまでは使われなくなったものが混じっています。

明らかに意味が伝わりにくいものについては、現代の言葉に置き換えましたが、読んで意味がわかるものについてはそのままにしました。

スピリチュアルメッセージ
生きることの真理——目次

第2章 人生の真理
——家族、友人、恋愛、結婚、仕事……に秘められた意味

第3章 幸せの真理
――今この瞬間をより光り輝いて生きるための教え

装丁　盛川和洋

はじめに――「類魂」について

■「生きる目的」とは何か

本文をお読みいただく前に、昌清霊《まさきよ》にかわって私から、読者の方々にはあまり耳慣れない言葉である「類魂《るいこん》」と、昌清霊がよくいうところの「失うことの恐れ」についてて少しだけ説明を加えさせていただきます。

類魂という理論は、私が唱える「グループソウルの法則」と同じ考え方です。決して難しいものではありませんが、より深いたましいのレベルまで理解するとなると、正直、なかなか簡単にいくものではありません。

しかし、安心してください。

ほとんどの人にとってそれは当然のことといえます。

なぜなら、そもそも私たちは、この類魂そのものをたましいのレベルまで深く理解することを目的にこの世に生まれて来たといっても過言ではないからです。

そして同時にそれは、真の愛を学ぶために生まれてきた、と言い換えてもいいでしょう。

■「失うことの恐れ」とは何か

この世に生まれてきた私たちは、悩み苦しみながら日々を生きています。どんなに自由で伸び伸びと生きているように見える人でも、実際は心の中でさまざまな葛藤を抱えて生きているのです。

私たちが生きていくうえでのそのような悩みや不安を、昌清霊は「失うことの恐れ」といっています。本文中でもさまざまな質問への答えとして「失うことの恐れ」について言及されています。

その「恐れ」をいくつかに分けて考えると、よりわかりやすいと思います。まず、「死の恐怖」、つまり「生を失う恐れ」と「病の恐怖」というものがあります。

これらはいずれも、本来たましいの存在であるはずの私たちがそのことを忘れているがために抱いてしまう感情で、私たちの人生で起こる出来事には意味はなく、すべてはたまたま起こる偶然にしかすぎないという間違った思い込みをしていることから感じてしまう恐怖です。そのため、自分の身にふりかかってくるもののすべてが災いと思えてしまうのです。

しかし、本来たましいのうえでは、私たちの人生のすべてに偶然というものはありません。すべての出来事は必然であり、意味深いものなのです。

たとえ私たちが死んでも、個体としてのたましいは永遠に生き続けます。

そもそも人生における病苦などの問題も、霊的真理から考えると、私たち自身の間違った思い込みを気づかせるために、みずからがみずからに与えたメッセージだといえます。その問題を一つずつ理解することで、実は私たちの霊性は向上しているのです。

また、「死の恐れ」「病の恐怖」とは別に、最も多くあらわれる苦しみがあります。それは、「物質を失いたくない恐怖」です。

物質界であるこの世に生まれた私たちは、たましいの感性を重んじることを忘れ、何の疑問を持たずに物質中心に依存して生きています。

私たちのたましいが肉体という「個」に宿ることにより、私たちはみずからを「ひとつのもの」、他者を「もうひとつのもの」と分けて考えるようになりました。その結果、何かを分け与えれば損をすると考え、奪われることのないように常にものに執着し、またときには他者から奪おうとさえします。

利己主義、ただ愛をほしがるだけの他者への依存心……すべてが同じです。その最たるものが戦争という行為でしょう。

このように、この世のあらゆる苦しみは「失うことの恐れ」から生じ、その「失うことの恐れ」をもってしまう原因は、私たちがもともともっているはずの霊的価値観よりも物質的価値観を優先して生きていることにあるのです。

■「類魂」とコップ一杯のお茶

それでは、私たちはどのようにすれば人生の苦しみや不安から解放されるのでしょうか。

その答えこそが、この本で語られていることであり、そのすべての基礎となる考え方が、昌清霊が語っている「類魂」なのです。

類魂を理解することこそが、私たちの幸せな生き方に最終的につながっているのです。

詳しくは本文で語られている昌清霊の言葉をかみしめていただくとして、ここでは、私からみなさんへ類魂をより理解しやすくするために、比喩的にヒントを与えましょう。

まずみなさんそれぞれの頭のなかに一個のコップを思い浮かべてください。

そのコップにはお茶が一杯に入っています。

それが、あなたのたましいの故郷《ふるさと》（霊界）である、「類魂」です。

次に、そのコップに入った濁ったお茶のなかから「一滴」を取り出します。

それがあなたの「たましい」です。

そして一体の肉体にその濁った一滴の「たましい」をふりかけ（宿し）ます。

この世での「あなた」といういのちの誕生です。

それからあなたは、偶然に見えるけれど実は必然である多くの問題や出来事に出会い、さまざまな経験を積み重ねていくごとに、少しずつあなたの「たましい」の濁りに変化が表れていきます。

やがて時が流れ、あなたはこの世でいうところの「死」を迎えます。

そして――。


私からの説明は、以上です。

ここから先は、どうぞ昌清霊の〝声〟に静かに耳を傾けてください。

第 1 章

いのちの真理

人はなぜこの世に生まれ、何のために生きるのか

人生のなかで誰でも
一番長く付き合う人は、「自分自身」です。
しかし同時に、この「自分」というものほど、
不可解で謎の多い存在もないでしょう。
あなたにとって、「自分」とは何ですか。
あなたは、なぜこの世に生まれ、
そして何のために生きていくのですか——。

1 人はみな大いなるたましいの一部分。つねに調和を目指し向上している。

「自分」とは何ですか。
生まれる以前の私は
どのような存在だったのですか。

ぬしら（あなたがた）はみな、ある「部分」なのじゃ。現世《うつしよ》（この世）の者たちに幽世《かくりよ》（あの世）の話をしたところで、なかなかに理解できぬやもしれぬ。なぜならば、幽世はあくまでも非物質の世界であるがためじゃ。物質界である現世の常識にとらわれていれば、わしらの幽世のことはなかなかに理解できぬであろう。

いわばぬしらは「部分」なのじゃ。

ぬしら一人一人のたましいが、実は「一人」となったのは、この現世に生《あ》れた（現れた）がためじゃ。肉体をまとったときに初めて、一人という「個」となったわけじゃ。

しかし幽世にあったときは、一人という独立した個ではなく、部分であった。

ぬしら一人一人に、「類魂《るいこん》」という大御霊《おおみたま》、いわばたましいのまとまりがある。

ぬしらはその一部分といってよいのじゃ。

人はみな、「類魂」というたましいのまとまりの一部分

たましいの一部分だとすれば、生まれる以前の「自分」は一人ではないということですか。

さよう。ぬしらのたましいは「部分」である以上、物質の「個」ととらえることは難しい。

また、その類魂《るいこん》もまた部分であって、その上の大いなる類魂があるのじゃ。

いわば類魂自体も、より大きな類魂の一部分なのじゃ。

類魂も、より大きな類魂の一部分

「類魂」とは何ですか。私たちのたましいとどのような関係があるのですか。

類魂《るいこん》とはぬしらのたましいの故郷《ふるさと》。すべてが共感できるたましいなのじゃ。なぜならば、自分自身であるからじゃ。

ぬしらにも実に仲がよい友だちがいよう。それでも、この類魂の親和性にはかなわぬ。類魂とはまこと、みずからであるからじゃ。

ぬしらはいずれこの現世《うつしよ》を去り、幽世《かくりよ》に戻る。それからは、その類魂のなかで生きていくようになる。そのとき、類魂が自分自身にほかならないということを、誰もが必ず感ずることであろう。

類魂とは、一人であって、一人でない。

一人であるというのは、素《す》、本《もと》じゃ。いわば個性じゃ。類魂の個性は同一。

一人でないといえる点は、いわば「経験」にある。経験だけが違うのじゃ。

本《もと》つ(元々の)たましいが、今まで、さまざまな時代、国、性別など、くり返すなかで、経験をより重ねてきたわけじゃ。そこで得た経験は、いわばぬしらが「前世」、「過去世」という言葉で語るもの。

しかしぬしら、今は現世に生《あ》れるゆえ「過去世」と申すが、ぬしらが類魂のなかに帰り着いたときには、すべてぬしら自身の経験となる。また、ぬしらの一生が、別の類魂たちの経験でもある。戻りついたときに、一つとなるのじゃ。

ぬしらは今、類魂の部分として、類魂の個性をもちながら、その一経験をしておる。

部分を担《にな》うことにより、さまざま経験を重ね、幽世に戻り、ぬしらの親和性の類魂のなかにとけこむ。そしてまた、必要あらば、新たなる部分が、この現世に降りる。それを「再生」というのじゃ。

類魂とは自分自身の集まり。経験は違っても個性は同じ

私たちのたましいは、最終的には一つの大きなまとまりだということですか。

さようじゃ。まず一つの大きな調和があり、そのなかに包まれたたましいの一つ一つが、類魂《るいこん》であるわけじゃや。また、その大きな調和の中心が、親和性の「神」である。

そしてそこから段階を経た下位の粗《あら》い粒子が、いわば類魂なのじゃや。愛の調和、すなわち「神」のなかにおいて、実はみな一つなのじゃや。さまざまな個性がまだ統一されておらぬということだけである。ゆえ、個々の類魂があるのじゃや。

しかしその個々の類魂も、さらに大きな類魂の部分であり、やがて統合されていくのじゃや。

しかしそれは、なかなかにして果たせぬこと。ゆえ、その導きのために、わしらのような者の言霊《ことたま》が生《あ》れるわけじゃや。

すべてのたましいは統合を目指して「神」という中心へ向かっている

「神」とは何ですか。私たちが考える「神」とどのような違いがあるのですか。

ぬしらが思う「神」とは何であるか。

この現世《うつしよ》の者たちは往々にして神というと、神という個性、個人を想像することが多い。しかし、神とはそのようなものではない。

神とは、いわば「調和」であるのじゃ。もちろん神に叡智《えいち》は備わっているゆえ、一個性ととらえる者もあろうが、しかし、違うのじゃ。一言で申して、調和なのじゃ。そしてその「調和」も、より高き進化を目指しているということじゃ。

ぬしらが想像し、つくる「神」は、「唯一絶対」であることが多かろう。しかしその神であっても、つねにさらなる向上を望んでいるということじゃ。

では、何を目指して向上しているのか。

「調和」、そして「統合」じゃ。

より大いなる調和を目指して進んでいるのじゃ。すべてのたましいが、実は最後には一つに統合していくことを目指しているのじゃ。

神は、われらすべてのたましいの向上を望んでいる。これぞまさに利己主義なのじゃ。しかしぬしらの思う利己主義とは違うぞ。

すべてのたましいは、先に申したように、神の調和のなかにある。そのすべてがみずからであるゆえ、その調和を愛する神は利己主義であるのじゃ。

「神」とは調和。つねにすべてのたましいの向上を望み、統合を目指している

2

人は一人であって一人ではない。守護霊とともに生き、感動し、学んでいる。

「守護霊」は誰にでも存在しているのですか。何人くらいいるのですか。

「守護霊」は、実はぬしらと同じ類魂《るいこん》のなかにいる。ぬしらがのちに幽世《かくりよ》に戻りてから、調和し、とけこむ存在じゃや。いずれ帰する類魂というだけじゃや。そしてそこから、分《わ》け御霊《みたま》となって現世《うつしよ》に生《あ》れたのが、みずからじゃや。

つまり「守護霊」は、「自分自身」というてもよい。

そもそも「守護霊」という言葉は、ぬしらがこの現世でつけた名前じゃ。

守護霊は類魂ゆえ、守護霊が一人いるも、二人いるも、人数にこだわること自体おかしい。

なぜならば、類魂すべてが守護霊といえば守護霊であるゆえ、一つといえば一つ、百といえば百といえるのじゃ。一人、二人、三人と数えること自体が、あまりにも現世的なのじゃ。

「守護霊」もまた類魂のなかにいる一人であり、自分自身ともいえる存在

「守護霊」の目的は何ですか。私たちにとってどういう意味があるのですか。

守護霊を含《ふく》むぬしらの類魂《るいこん》は、つねにぬしらとともに生きている。ともに経験を重ねているのじゃ。

ぬしという「部分」は、類魂にとってみればみずからの部分である。ゆえ、苦難をいかように越えるかは類魂すべての知恵であり、または経験じゃ。どんなときも、類魂がぬしらに対し、知らぬ顔をして生きているということはないのじゃ。

つねに同時に生きているのじゃ。今のぬしらと同時に学び、生きる存在でもある。

ぬしらは、ぬしら「個」としての経験と思うているやもしれぬが、類魂もまた、ともに経験しておるのじゃ。喜怒哀楽《きどあいらく》の「感情」を、ともに。

そして、ぬしらが気がつかぬ間に、さまざまな「知恵」を送っておる。すべては感応によってじゃ。右か左かで、なぜ自分は右を選ぶのかなどの知恵をも、感応により受けとっていくのじゃ。

もちろん、ぬしらのすべてを類魂が操《あやつ》っているわけではない。また、守護霊はぬしらのわがままや傲慢《ごうまん》をかなえる魔法使いでもない。

ぬしらの人生は、あくまでもぬしら自身が責任主体なのじゃ。

なぜならば、ぬしらに自由がなければ、学びとならぬからじゃ。類魂がぬしらをすべて牛耳《ぎゅうじ》り操ったならば、この現世《うつしよ》の必要はなくなる。現世《うつしよ》における感動もなくなってしまうのじゃ。

類魂が操るべきは、ぬしらのカリキュラム。類魂にとって必要なる主題。いわばどんなカリキュラムを学ぶかに関して、類魂はぬしらを支配しているのじゃ。

そこで得る感動は、ぬしらのものじゃ。そしてその感動に類魂もまた感応し、学んでいる。

守護霊と自分自身は同時に生き、感動し、学んでいる

仏教でいう輪廻転生《りんねてんしょう》とたましいの法則における再生の違いは何ですか。

この現世《うつしよ》のなかでは、仏教思想に生きる者も多い。輪廻転生を信ずる者もあろう。

しかし、類魂《るいこん》を前提としない、仏教で説くような輪廻転生は、ないのじゃ。もしかりに輪廻転生という、完全なるたましいの再生があるならば、それはいわばぬしらの思う「死」であるはずじゃ。

ぬしらの肉体の死とともに、個性も死に、そして幽世《かくりよ》に戻り、そしてそのまま新たなるたましいとして再生するならば、今ぬしらが経験していることをすべて消去することになってしまう。それは経験の死であるわけじゃ。

しかし、人は死して個性を失うことはない。

ぬしらが類魂という永続的な存在の「部分」である以上、死はないのじゃ。

ぬしらの経験は、すべて共有する経験とし、いついつまでも調和していくのじや。
ゆえ、ぬしらが幽世に戻ったとき、その他の部分の再生の記憶も蘇《よみがえ》る。

肉体は死んでもたましいは死なない。自分自身の経験や個性は永遠に生きる

今の私たちの人格は、もともとたましいに備わっていた経験や個性によるというのですか。

さようじゃ。

ぬしらの人格を形成するものは類魂《るいこん》による、という事実を知らねばならぬ。この現世《うつしよ》に御霊《みたま》（心霊・神霊）を分け、生まれ出でた者たちは、国も、時代も、家族も、すべてが違う。

がしかし、それぞれのたましいのなかに、一つの個性は生まれたときより備わっているはずじゃ。ものの考え方、判断の仕方、思考、すべてをじゃ。

その思考は、どこから湧《わ》くのか。

そう、類魂より湧《わ》くのじゃ。

ぬしらが思うこと、考えること。ぬしらの経験以上から出てくるものは、類魂より感応しているわけじゃ。類魂の知識、経験より、刻まれた部分であるぬしらへの感応なのじゃ。

ぬしらはそれらを、ただ、生まれ出でたときに忘れたのじゃ。肉体という物質のなかに生《あ》れているときは、たましいの感覚は実に鈍《にぶ》るわけじゃ。

もちろん今、この現世に生《あ》れているときも、ぬしらに知らず知らずにその経験を呼び起こす、または思い起こすこともある。

ゆえ、なぜか知らねど、みずからの性格からだけではない判断が、それぞれの人生のなかに起きるはずじゃ。

それはただの六感か。

いや、違う。実は、他の部分の経験が、知らず知らずに生きて表れているのじゃ。

ぬしらは一人。しかしぬしらは一人ではなく、類魂のさまざまな経験の延長線にあるのじゃ。

自分自身の人格は類魂が形成している。思考も類魂の経験からヒントを得ている

3 この世に目的なく生まれてくる人は誰一人としていない。

たましいは私たちの肉体にどの段階で宿るのですか。

たましいが肉体に宿るのは、胎児として母体に宿ったときじゃ。今の言葉でいえば、「受精」のときじゃ。または、それより以前からじゃ。

たましいは受精のとき、またはそれより前に肉体に宿る

なぜ私たちはこの世に生まれ、生きていくのですか。

この現世《うつしよ》に生《あ》れる意味は二通りあるのじゃ。

本《もと》つたましい、そこから二通りの目的をもってまいる。

その一つは、過去世における悔《く》やみや無念さなど、ぬしらの呼ぶ「カルマ」を解消するためじゃ。正と負、光と影、これらを解消するためにある。いわば、ぬしらの本つたましいの経験のなかで、影があれば、それを光に変えるため。

ひらたくいえば、だました者はだまされるため。みずからのたましい、心をあざむいた者は、そのあざむいた苦しみを解消するために、この現世に生《あ》れるのじゃ。いわば、貸し借り、この解消のために生《あ》れるたましいがある。

または正しき言い方をすれば、みずからの負い持てる経験をふくらますわけじゃ。

もう一つは、みずからの訓練のために生《あ》れるたましいがある。みずからのたましいに負荷《ふか》をかけ、そこよりさらに目映《まばゆ》く輝くというたましいじゃ。今以上により輝きをもちたい。そのためには前者と違い、後者のほうが、極端な人生となることが多い。

いわば、おおむねこの現世のなかでの目立つ苦悩を、みずからに課すわけじゃ。たとえれば、生まれもっての宿命《さだめ》などによる病。もちろん後天的に病や故障を得るということもあろう。それも含《ふく》めてじゃ。

わしが今いうたのは、あくまでもこの現世における苦悩じゃぞ。ぬしらの思う常識は、幽世《かくりよ》には通用せぬ。ぬしらが苦と思うことは、幽世において楽ということが往々にしてあるのじゃ。

みずからのたましいにより大きな負荷をかけ、生《あ》れて、そしてその経験により、みずからのたましいをより輝かすという道。その者は、たましいにおいては幸せじゃ。

生まれてくることの意味は、この二つといってよいのじゃ。前者のためのほうが、この現世は多かろう。

目的なく生まれてくる者は誰一人としておらぬということじゃ。

人がこの世に生まれてくる意味は二つ。カルマの解消と、たましいをより輝かせるため

男性として生まれる人と女性として生まれる人には何か目的に違いがあるのですか。

類魂《るいこん》、いわば、本《もと》つたましいにおいては、男も女もない。どちらの肉体に生まれるかは、いかなるお題を学ぶかの違いなのじゃ。そのお題とは、母性、そして父性。これらの言葉に尽きるのじゃ。

女に生まれ出でた者は、母性を学ぶため。

男に生まれ出でた者も同じ。父性を学ぶためじゃ。

誰しもがこの現世《うつしよ》に生まれ出でて、まず親をもち、家族を愛す。その家族でもって育《はぐく》まれ、新たなる家族をつくるべく、多くのたましいは、陰陽あれど、学び歩むのじゃ。

なぜか。

みずからのたましいをより大きく広げるためじゃ。

なぜ広げるか。

愛を学ぶためじゃ。

たましいは、いわば失うことへの不安にもとづく「守る愛」より、他のたましいをまこと愛するという「愛する愛」へ、みずからのたましいを広げる学びをしておる。

現世の者のほとんどは、みずからのたましいを愛するがための愛に生きようとしている。しかし実は、まことの愛に近づかんがために、もがき苦しみながらも学んでおるわけじゃ。そのなかで、父性および母性という陰陽をも使うわけじゃ。

また、現世には家族を求める者が多い一方で、孤独に生きる者もおる。しかしその者もまた、実は家族を求めておるわけじゃ。一人という家族。これもまた学びなのじゃ。

お題としては同じなのじゃ。ただその面が違うのじゃ。同じことがらを学ぶでも、さまざまな面の学びがあるでなあ。

男性と女性、どちらに生まれるかは、学ぶべきテーマの違いによる

男女のたましいの異なる目的に反し、最近では父性や母性が失われあいまいになりつつありますが…。

さよう。今の現世《うつしよ》、良くも悪くも男女の差なく、女は母性を失いつつあるようじゃ。

ゆえ、今、母性が必要とされている。母性を見直す世となっておる。母性への警告が多いのはそのためじゃ。

女である場合、母性を映し出す病が今どれだけ増えているか。または、子を宿せるか宿せぬか。そのことがらに苦しんでおる者たちがどれだけいるか。

また、片や、母になれず子を葬《ほうむ》り去る者たちもいる。

その双方ともにみな同じ意味をもつのじゃ。お題が違うだけで、すべては同じなのじゃ。

男も同じじゃ。子を宿せぬという問題がどれだけ多いか。また、父となれぬ者、家族をもてぬ者、これらがいかに多いか。

これらは「神の教え」ではない。たましいの警告じゃ。みずからのたましいがみずからに与えている警告、道を誤るなかれという、愛の言葉なのじゃ。

もちろん、ぬしらのような物質界の者たちは、これらのことを物質界の目で見ていくであろう。しかし、森羅万象《しんらばんしょう》におけるさまざまな変化も、すべては長き時の流れにより、それぞれの時代のたましいに対し問いかけをしておる。そのことを、謙虚に受け容《い》れるべきじゃ。

男女の差がなくなりつつあるこの時代、父性、母性を見直そうというたましいの警告が出ている

4 この世に偶然はない。たましいを震わせる感動を得るために偶然と思えるだけ。

私たちが生まれてきた目的を忘れてしまっているのはなぜですか。

それはなぜかといえば、ただ単純なこと。知っているということが不便、不自由であるからじゃや。

この現世《うつしよ》に生《あ》れるときに、類魂《るいこん》での経験をすべて引きずったまま来たところで、この現世を活用しきれないのじゃや。

現世はなぜあるのか。

それは、物質を「利用」するためじゃ。

この世に不必要なものは何一つないのじゃ。すべては必要なものばかり。この物質界こそが、そのたましいをより深く学ばせるために都合がよいのじゃ。

生まれながらにして持てる学びのお題をすべて理解しておったらば、「気づき」が足りなくなるのじゃ。

この現世に、その学びのお題を何も知らず、本性のみを剝《む》き出しにして来るからこそ、さまざまなつまずきなどもありて、それがいわば「感動」となるのじゃ。

たましいを震わせる感動を得るにはどうするべきか。

そう、すべてが偶然のように起こることなのじゃ。

もちろんこの世に偶然はないのじゃ。すべては必然によって起きている。しかし偶然と思えることが大切なのじゃ。そのなかでもがき苦しまねば、まこと、みずからのたましいを理解することができぬのじゃ。

実践、そのなかで得る感動。それらがたましいを大きく震わせるもととなるのじゃ。それがために現世があるというてよいのじゃ。

突然の災難がふりかかったり、また突然の幸いに感謝したり……。

それらの現世的な物質的価値観からくるさまざまな思いに振り回されながら、喜《き》怒《ど》哀楽《あいらく》、あらゆる感動を表現し、そのなかで「気づき」を得ていくこと。その道程《みちのり》こそが、たましいの学びには大切なのじゃ。

たましいは類魂の経験を意図的に忘れ、物質界であるこの世を利用して学んでいる

この世でわざわざ苦労しなくとも
あの世でたましいを磨けば、
生まれてくる必要はないと思うのですが…。

たましいは、幽世《かくりよ》においても、真理を理解することはできる。しかし、実践ができぬ。この現世《うつしよ》において実践できたとき、初めてたましいの理解が深まるのじゃ。

また、幽世における他の類魂《るいこん》との親和性をもつためには、この現世のなかで、その調和が成就《じょうじゅ》せねばならぬ。

この現世では、さまざまなたましいと、生まれ出でた瞬間より交わっていかねばならぬ。他の類魂部分と否《いや》が応《おう》でも接しなければならないわけじゃ。

現世において、他の類魂と出会うことで、互いの個性の違いがはっきりする。もし類魂のすべてがそのままこの現世に生《あ》れて、それらの類魂の浄化が果たされていれば、この現世も、ぬしらのいう「天国」であるはずじゃ。

しかし、この現世はままならぬ。

なぜか。

それは、類魂のなかでも暗き、未浄化な部分が現世に生《あ》れるからじゃ。または、現世《うつしよ》において、暗き部分が明らかにされるからじゃ。

だからこそこの現世が訓練の場となるのじゃ。学びの場、修行の場というのはそのためぞ。

この世での実践と感動があって初めて、たましいの理解は深まり、より輝く

私たちのたましいがこの世で学ばなければならない最大の目的は何ですか。

どのたましいにおいても、みな共通する学びがある。

それはまさに「傲慢《ごうまん》との闘い」なのじゃ。

この現世《うつしよ》のなかで、どのたましいにおいても共通する学び。それは、傲慢さ、みずからが類魂《るいこん》の一部であるということを知らないがための、みずからの利己主義、愛なき行動、依存心などを知るということじゃ。

まことの謙虚さを知るということ、まことの謙虚さに気づくということが大事なのじゃ。

生まれ出でたときより、たましいは肉体という物質の殻《から》にこもる。そこで物質を得たからには、物質の成長、いわば肉体の成長が必要となり、そのために、他のたましいの世話に与《あずか》らねばならぬ。

手習いより始め、あいさつ、物質により生きる術《すべ》。食う、寝るもそうじゃ。育《はぐく》まれながら、まず第一段階として、家族という他のたましいとの関わりを学ぶ。

やがて、肉分けの家族より外に関わりを広げる。

そして肉体を養うためには生業《なりわい》を得ねばならぬ。その生業を通して他のたましいと関わり、やがて肉体が朽《く》ち、滅《ほろ》ぶときには、また人の世話になる。

そのなかでつねに、みずからの傲慢さと葛藤《かっとう》してまいるのじゃ。


この世で最大の学びは、他のたましいと関わるなかで、みずからの傲慢さと、真の謙虚さに気づくこと

5 すべての生き物にはたましいがあり、進化の道を歩み続けている。

木々や花々、あるいは動物など人間以外の生き物にもたましいは宿っているのですか。

木や花にたましいが宿ることはある。

しかし人霊が宿ることはない。人霊となったたましいが再び樹木に降りることはないのじゃ。

たましいは森羅万象《しんらばんしょう》にあり、さまざまな層がある。

いわば樹木に宿るたましい（自然霊）もあれば、動物に宿るたましい（動物霊）もあり、鉱物に宿るたましい（鉱物霊）もあり、そのすべてが「霊性」という学びを歩んでおるのじゃ。

また余談ではあるが、この星（地球）に限ることなく、それらのたましいは宿る。それほどに、学びとは広く、長く、深くあるものじゃ。

すべてのたましいは進化を重ねておるわけじゃ。いわば鉱物とて、生きておるわけじゃ。しかしたましいの内容が違うのじゃ。

人霊とそれ以外のたましいの違いは、いわば、「自我」をもっているか否《いな》かじゃ。人霊には「自我」がある。そしてさらに、「大我《たいが》」「神我《しんが》」（自分自身に宿る神性）をもっているのじゃ。

動物は、「小我」、すなわちみずからの自己保存のためのみに生きておる。しかし人霊は自己保存のみには生きぬ。

されど人霊もまた、過去、またはその部分においては動物であった経験があるがために、いまだに小我のみを愛す自己保存により生きている者も多い。

人霊が人霊らしく生きることの大切さを、改めてかみしめるべきじゃ。

人間に限らず、他の生き物すべてにたましいは宿り、進化し続けている

私たちに宿るたましいは、最初から「人霊」だったわけではないのですか。

さようじゃ。

人霊の前にぬしらの類魂《るいこん》が、自然霊であったこともあるのじゃ。肉体をもたず、この現世《うつしよ》にいた時期があるわけじゃや。

これ以上語ったところで、ぬしたちの理解を超える。

人に宿るたましいも過去においては、動物や自然物に宿る経験を重ねてきた

人間と他の生き物とでは寿命が異なりますが、それはなぜですか。

すべてはたましいの流れじゃ。ぬしらが忽然《こつぜん》と人霊に変化し、生きるわけではないのじゃ。

ぬしらの知るすべての生きとし生けるもの、すべての類魂《るいこん》は、感応し合っておるのじゃ。昆虫もあれば、植物もある。すべての生き物が、ぬしらの類魂のなかに宿っている。ぬしらのたましいの経験、流れのなかには、それらの時代があるということなのじゃ。

しかし、それぞれの目的が違う。それぞれのなかで一つずつ——一段ずつともいうが——霊性を進化させているのじゃ。

そのすべての部分がぬしらに備わっているゆえに、ぬしらはこよなく自然を愛したり、風に吹かれる喜びを感じたりするのじゃ。

その学ぶ内容が違うゆえに、寿命が違うのじゃ。ひと夏の寿命で終わる生き物もある。百年生きる生き物もある。
しかし、すべての営みの目指す方向は一つ、人霊へと向かう営みじゃ。

すべての生き物は、一段ずつ霊性を進化させている

人に宿るたましいとその他の生物に宿るたましいの一番大きな違いは何ですか。

人霊とそれ以外の生き物の大きな違いは何か。「自我」があること、と先にいうた。もう一つは何か。愛じゃ。

愛が備わっているのが人霊なのじゃ。

霊性が人霊に近づいている生き物は、人との関わりがある。人霊に近くなればなるほど、愛に近い行動を示す。生き物の霊性の高さを測るのは、人との交《まじ》わりなのじゃ。

しかし、動物は他を愛さぬ。動物の親子を見たとき、誰から見ても親子の愛が存在するように思う。しかし、その中身は、種の保存なのじゃ。本能なのじゃ。人との関わりがある動物は、人を助けるように見えるやもしれぬが、それも愛ではなく自己保存なのじゃ。みずからを存在させるためには、その者の力が必要であるゆえのこと。動物には「小我《しょうが》」しかないのじゃ。

しかし、人霊には「大我《たいが》」がある。そして「神我《しんが》」がある。ただその人霊においても段階があり、愛を学びながら、愛をふくらませているのが、「生きる」ということなのじゃ。

人霊も、まだ人霊の経験の乏しい者は、小我のなかで愛を学びながら、大我を広げているわけなのじゃ。すべては学びじゃ。

そして人霊はまた、他の動物なりを、しかと見守り、指導できるだけの存在でなければならない。

しかし、今の人霊を見ても、誰一人として、なかなかに思うように指導をしておらぬ。

愛をもっているのは人に宿るたましい（人霊）のみ

すべてのたましいが統合されたとき、この世はどうなりますか。

部分である類魂《るいこん》が、すべて統合されるに到《いた》ったならば、この現世《うつしよ》の必要はなくなるであろう。

がしかし、そのような到達は見えてはおらぬ。

ぬしらが知るだけのこの現世の歴史を見たとて、そう変わってはおらぬはずじゃ。

この現世のなかで、ぬしらはみずからのさまざまな類魂の部分に、多く遭遇《そうぐう》するはずじゃ。そのなかより、みずからの部分をあまた知ることとなろう。

統合はまだほど遠いということじゃ。

すべてのたましいが統合されれば
この世の存在は必要なくなる……

第 2 章

人生の真理

家族、友人、恋愛、結婚、仕事……に秘められた意味

両親、兄弟姉妹、友人、先輩、恋人……。
私たちが生まれてからこの世で出会う
多くの人たちとの「縁」には、
どんな意味や目的が隠されているのでしょうか。
また、仕事や恋愛、結婚など
人生のさまざまなステージで湧き起こる
喜び、苦しみ、怒り、悲しみなどの感情には、
どのような霊的メッセージが
込められているのでしょうか――。

1 この世で出会うすべての人との縁には良くも悪くも学びがある。

私たちがこの世に生まれてから出会う人たちとの「縁」にはどのような意味があるのですか。

出会う者はすべて、みずからの類魂《るいこん》に関わりのある類魂たちじゃ。ぬしらはみな、実はぬしらの類魂と親和性のある類魂との関わりのなかで生きているのじゃ。ごまんといるこの現世《うつしよ》に生きる者のなかで、同じ時を生き、そのなかで出会う者たちは、良きにつけ悪《あ》しきにつけ、すべてはぬしらの「広義の類魂」

の部分であるわけじゃ。

みずからが出会う者たちは、すべて広義のうえのみずからの類魂の部分なのじゃ。ゆえ、みずからの目に映る者たちは、みずからに内在する。みずからに内在する者たちと、出会うのじゃ。

たとえば、百人の知り合いがいるとすれば、百人百通りの性格があろう。しかし、そのすべてがみずからに内在する部分じゃ。その部分なき者とは、縁が続かぬ。

言葉を換えれば、みずからのたましいにない者たちに出会うことはない、ということじゃ。

たとえ、どのように心みにくく見える相手との出会いがあったとて、それはみずからのたましいの部分にある。

または、みずからのたましいの一部分なのじゃ。

みずからのたましいにない者との出会いは、ない。

この世で出会うすべての人は、同じたましいの仲間。どの人も自分自身に内在する問題を映し出している

広い解釈としての類魂《るいこん》の関係ではなく、もっと近い仲間のたましい同士がこの世で出会うこともあるのですか。

この世で出会うすべてのたましいを「広義の類魂」とし、先にいうた自分自身である類魂を「狭義の類魂」としよう。

その狭義の類魂の一部分をぬしらとし、他の一部分もまた同じ時を生きていることは、ある。「双子霊《ふたごれい》」というものがそうじゃ。それらは現世《うつしよ》での生涯において出会うこともあるが、出会わないことがほとんどじゃ。

もしみずからの狭義の類魂の部分と出会った場合には、「袖《そで》すり合う縁」以上の縁となる。深く深くみずからの人生に影響を与える縁となるのじゃ。

現世での出会いのなかには、短いつき合いでも心に残る者もいれば、何年も同じ職場にいても、あまり親しみを感じない者もあろう。それは、ぬしらの類魂とその者の類魂との距離によるのじゃ。ともにいた時間ではなく、得た感動の度合いにより、類魂の距離を知ることとなるのじゃ。

みずからの類魂の双子霊か、またはその関わりある類魂たち。近い距離の類魂であるほど、感動は大きいのじゃ。

しかし、突き詰めれば、すべてのたましいが類魂でもあるゆえ、まだそこに到《いた》らぬのは、たましいが未熟であるということじゃ。

同じ仲間でより距離が近いたましい同士であるほど、それぞれの人生に深い影響を及ぼし合う

この世で出会った人のなかでも縁があると思える人もいれば、まったくそう思えない人もいるのですが…。

すべてこの現世《うつしよ》にあることは、幽世《かくりよ》の映し出し。幽世の親和性は、現世の親和性にもつながるのじゃ。親和性の内容が違うか、または部分が違うだけじゃ。

わかりやすくいえば、ぬしらの「正の親和性」が幽世であり、「負の親和性」が現世であるということ。すべて無駄がないのじゃ。

ぬしらが「腐れ縁」と呼ぶような、無理をしてのどのような縁であっても、その縁というものが存在する以上、みずからの部分にある相手というわけじゃ。

現世においては生業《なりわい》ありて、職場というものがある。それは、みずからが求むる縁とは違う。しかし、導かれたる縁であるわけじゃ。それも、みずからの内在する部分なのじゃ。

現世に生《あ》れるときは、みずからの部分を如実《によじつ》に見つめることとなる。

平たいたとえをするならば、どのように品性高くふるまっていたとて、飢えているときに、いきなり品性をも捨てて、がめつく、また浅ましく、意地汚くなる者もあろう。それによく似ている。

みずからのたましい、類魂《るいこん》の部分がこの現世に生《あ》れたとき、いわばその類魂にある本性が表れるのじゃ。

この現世とは、いわばあぶり絵のようなものなのじゃ。

何もなく白い紙に見えるものが、現世であぶられることによって、その絵柄が表れるのじゃ。

この世では自分自身のたましいの本性がそのまま表れる。

2 家族とは、異なる仲間のたましい同士が、学び向上のために構成した集まり。

たましいのうえでは、「家族」は特別な集合体だといえるのですか。

人はみな誰もがたましいの存在じゃや。ぬしらという肉体を得て、この影なる物質の世に生《あ》れた。

この物質のなかに生まれるということは、誰かの腹を借り、そして誰かを親とし、物質的にも世話になり、そしてたましいとしても世話になる。

たましいのうえでは家族は他人じゃ。みずからの狭義の類魂《るいこん》ではない。

しかし、みずからが学び、みずからの影を見定めるために一番良いと思う家族を選んで生まれるわけじゃ。

家族は、ぬしらの類魂と距離は近いやもしれぬが、個々が違う類魂じゃ。ゆえ、ある程度の親和性をもっても、まことの親和性とはならぬは、それがためである。

現世《うつしよ》的な言葉をつかえば、たましい同士の「協議」により、家族というしくみ、いわば構成が企《くわだ》てられるのじゃ。

どのような構成をもってゆくのか。すべては、その生まれいづる「部分」の協議により、決められてゆくのじゃ。

家族とは、別々の仲間のたましい同士が、学びのために構成した集まり

自分自身が選んだ家族といっても、それをなかなか受け入れられない人も多いと思うのですが…。

みずからが生まれ出でた家族は、まず、みずからの影そのものの映し出しぞ。どの者においても、みずからの影の表れの第一幕は、家族じゃ。親族家族《うからやから》、家族《やから》じゃ。

ぬしがもった親も、兄弟姉妹も、まずはぬしの影の表れ。どの者も親きょうだいを見れば、その者の影のまず一つが見える。それを良い、悪いというのではないぞ。その影の「特徴」がわかるのじゃ。

それをもし否定する者あらば、それは物質の目による否定じゃ。たましいは、まずそれを受け容《い》れて見ることが大切じゃ。まず、その影を知ることにより、みずからのたましいが何を求めて生《あ》れたのかが見えてくるのじゃ。

家族とは、個性がまったく別々の者同志の構成。お互いにたましいのうえでは別々だという記憶をなくし、今のたましい、肉体に生《あ》れるわけじゃ。わざわざ影を見るために。すべての記憶をなくして、影に直面し、影と闘うために。

どの者にもある影のお題（テーマ）は傲慢《ごうまん》じゃ。家族のさまざまな傲慢同士の争いのなかで、これでもかと、わが身にある傲慢の「しみ抜き」が始まるのじゃ。そして、みずからのたましい、肉体の成長とともに、家族と関わり、広く学ぶことをしてまいるわけじゃ。

それがまず、人生の第一歩である。

反《そ》りの合わない家族も多かろう。しかし、それもみずからのお題として定められている集合体なのじゃ。

家族との葛藤《かっとう》強き者は、それだけまず、影に対する熱心な者なのじゃ。

自分の親兄弟を見れば、自分自身のたましいの目的がわかる

家族だからこそ起こるもめ事や厄介な問題もたくさんありますが…。

そもそも、家族によりさまざまある問題は、家族に対し、多大な依存心をもっているゆえ起きる問題ばかりなのじゃ。

家族とは、もともとに生まれ出でて育つのに必要なもの。逆にそのような集合体がなければ、肉体としてのたましいが育たぬのじゃ。ゆえ、家族をもつのじゃ。

しかし、人はそれ以上に家族に依存してしまうわけじゃ。

たとえばそこで少々の裏切りがあったとき、依存心でもって相手を見ているゆえ、葛藤《かっとう》が起こるのじゃ。

家族のことで必要以上に悩む人は、家族へ過剰な依存心がある証拠

3 愛は与える人にのみ与えられる。
大いに愛する人ほどたましいはより輝く。

どうすれば人から愛されるようになれるのですか。

人が愛を望んで生まれてくることは事実。人は、まことの愛を求めて生まれてくる。

「学ぶ」ということを広義に解釈すれば、みな愛を学ぶために生まれ出でてくるのじゃ。

しかし、まことの愛と、この現世《うつしよ》における愛は違う。

幽世《かくりよ》の愛は、調和、親和である。現世の愛は、物質愛なのじゃ。

まず、家族が人生の第一歩であると、先にいうた。人は、肉をもったみずからの個を愛するがために、家族との葛藤《かっとう》も味わう。そこで、みずからのみの「個」とは別の、家族という他の「個」を愛する訓練を始めていくのじゃ。家族のなかで、波風もあろう。それでも親を愛し、兄弟姉妹を愛す。

そのなかですくすく育ち、そこで家族という殻《から》から一歩外へ出るのじゃ。愛の訓練の一歩じゃ。それがいわば、関わりの友人、友だちじゃ。それらに一歩進出するわけじゃ。

友だちと関わることで、血のつながらぬ、肉の関わらぬ他者を愛する一歩を始める。それが友情なのじゃ。

その訓練の次に、恋愛がある。

このように、他者をみずからのように愛する訓練には段階がある。家族、友情、恋愛、そしてわが子へと、訓練は進む。さまざまな状態、環境へと、進めていくのじゃ。

愛の学びには段階がある。家族愛、友情、恋愛、と徐々に訓練の場が広がっていく

愛を求めながらも、なかなかうまくいかない人が多いのはなぜですか。

結局のところ、自己愛、いわば自己保存より、どれだけ霊性を広げていけるか、高めていけるか、なのじゃ。

しかしぬしらには、まだそこで、何かをしてもらったがために、または何かをしてもらいたいがために愛を尽くすという、物質的価値観による愛から抜け出せないところがある。

しかし、そのなかでも、みずからがまこと愛を尽くし、損得の計算なく尽くすことがある。いわば、金山のなかから掘り上げた砂金のようなものじゃ。ぬしらの愛の多くは、自己愛。しかし、ふるいをかけるなかで、一粒の金が生まれるのじゃ。

愛の訓練においてつまずくは、つねに、「まことに人を愛しているか否《いな》か」の問題であるはずなのじゃ。それは恋愛のみならず、友情であってもそうじゃ。

たとえば金の貸し借りにおいてもめているありさまは、よう見かけるわ。しかしそれを、みずからを良き人と思われたくするのと、まこと相手にとって必要と判断してするは、違うことなのじゃ。

恋愛とて、みずからの寂しさを埋めたいがための恋愛であれば、同じことのくり返しなのじゃ。そしていつまでも裏切りがあり、それを呪う心があり、怒りがあり……。

わが子をもちても、私物化する愛。これはみずからの自己保存と自己愛であって、子を愛する心ではないのじゃ。

いわば、人はこのように、いつまでたってもなかなかにして、まことの愛に到達せぬのじゃ。

しかし、それらの誤りをくり返すなかで初めて、まことの愛に近づくという学びをしておるのじゃ。

となれば、わしらは恋愛においても、友情においても、家族においても、それ以外でも、そのすべてを実にくだらなく未熟なこととは思わぬのじゃ。すべてはその学びのなかのさまざまな部屋、ととらえておるのじゃ。

まこと人を愛するということができるならば、なにごとにおいても、災《わざわ》いはないのじゃ。

物質的価値観や狭い自己愛によって、
人は愛につまずきながらも、本当の愛へと近づく。

本当の「愛」とは何ですか。また、それは言葉で相手に伝えられるものですか。

「愛」という言葉があるが、まことの愛とは、言葉なくとも表れるものなり。しかし言葉を超えて、言葉より先にたましいのある日々を送る者は、実に稀《まれ》にござる。言葉のうえで生きるのは、たやすいことぞ。人は時に言葉に酔い、言葉のみを飾る。ゆえ、言葉が一人歩きすることが多いのじゃ。

言葉で飾る愛は、まことの愛ではない。

それは言葉の愛、着飾る愛にござる。着飾る愛から出る言葉は、自我を賛美する言葉なり。

ただの言葉だけで愛を語るか、愛をまこととして表現しながら生きるか、この二つは実に違う道なり。そのいずれの道を選ぶかが大切じゃ。

まことの愛を道とし、まことの愛を語ろうとする者は、愛の暮らしに徹せねばならぬ。

言葉ではなく日々の暮らしに愛があるか、実践しているかが大切なのじゃ。愛を実践する者を見よ。ボロをまとっていても、見てくれが悪くとも、何の肩書きがなくとも、立派に愛を実践し、またその愛を、立派に人が受けている。

形や言葉だけで愛を示す者の愛を見よ。どのような立派な立場の者であっても、絢爛豪華《けんらんごうか》に輝く御殿《ごてん》の教祖であっても、まことの愛を与えているであろうか。過ちをくり返しているだけじゃ。

まことの愛をたましいから贈ろうとする者は、どのような言葉を吐くにせよ、つねにそこに愛が生じているか否《いな》かをよく考えるべし。一つ一つの言葉を、神経質なまでに、愛の秤《はかり》にかけてみる必要がある。どのようなときであっても、それは必要なのじゃ。

ぬしらが愛を贈る相手が、もしその愛に気づかぬときは、必ずわが身を振り返って確認するべし。

わが身を愛する言葉をつかっているか否《いな》か。

相手に愛を与えるつもりが、愛を与えようとしているみずからの形、行動、言葉に酔いしれてはいないか。

そのことをよく見極めることが大切じゃ。

愛を伝えようとしても相手が振り向かないときは、自分自身に原因があることが多い

相手に尽くすだけの愛、「無償の愛」をつらぬくことはとてもつらく難しいことです…。

愛とは、与えるだけである。

見返りがないからとて、与えることがつらいならば、無理に与えぬことじゃ。みずからあふれ出て与えられるようになるまで、与えぬことじゃ。

愛を与えようとしながら、愛を得ようとしておったら、大いなる過ちぞ。愛を得たいときは、愛を得たいというて、堂々と愛を得るべきじゃ。一番いけないのは、愛を与えるふりをして、愛を貪《むさぼ》ることじゃ。愛を貪ってはならぬ。

まことの愛とは、みずからには何も求めず、また、何も得られぬものなり。

愛は形ではない。そして、見た目ではまったく返らぬものにござる。

返ってくるように見えることもあろうが、それはぬしらの愛が、単純にそのまま返ってきたわけではない。ぬしらが愛を与えることによって、ぬしらのたましいの光が大きくなり、その大きくなった光に相手が感謝の心をもち、慕《した》うという形で返ってきているのじゃ。

つまり愛は、まず、他者を愛する者のたましいのみに変化を与える。それにより、その者のたましいが大きくなり、その光への反応がその者に返ってくるのじゃ。

となれば、ぬしらが愛を表現できるのは、愛を与える相手あってこそのこと。愛するものがあるからこそ、みずからの愛が広がるのじゃ。

「人を愛する」という経験は、このように、みずからのたましいのなかにある光を大きくするように、むしろ相手に「与えられる」ものにござる。

他者を愛するという経験が、自分自身のたましいをより大きく輝かせる

私たち人間は愛し合うことで、お互いのたましいの光を大きくしていけるのですね。

さようじゃ。

そしてぬしらもまた、人として、一つのたましいとして、愛されておることを忘れてはならぬ。

ぬしらがぬしらとして生きていられるのは、神の愛、ぬしらを見守るたましいたちの愛、ぬしらに縁あるすべてのたましいたちの愛あってのことぞ。

まことの愛を表現したいのならば、ぬしらに対してあふれる愛を与え続けるたましいたちの愛をこそ、真似るがよい。

それらのたましいは、ぬしらを愛することによって、みずからのたましいを大きく光らせ、それゆえにぬしらに感謝の心をもち、ひたすらに愛し続けておるのじゃぞ。その愛を真似るべし。「真似る」は「学ぶ」のもとなり。「学ぶ」は「真似る」ことなり。

その理解ができたとき、ぬしらの心にある陰りも、わびしさも、寂しさも、打ち砕《くだ》かれるであろう。そしてそのとき、ただただ、たましいの繁栄のみがぬしらに訪れるであろう。

自分自身を愛してくれているたましいこそが自分にとっての愛の先生

4 結婚も離婚も根っこは同じ。たましいの学びのかたちが違うだけ。

たましいのうえでは法律上の結婚というものをどのように考えるのですか。

意味は、あって、ない、といえるであろう。意味があるというたは、現世《うつしよ》にとっての意味があるだけ。幽世《かくりよ》においては何ら関係もない。なぜならば、先にいうた「恐れ」がつくった掟《おきて》であるから。失うことの恐れがあるからつくられた掟なのじゃ。

わしらの目から見れば、たましいのうえで結婚している者など、どれだけいることか。みな心に嘘をついて生きておるわけじゃ。しかたなしの惰性でもって。
しかし、それも、みずからがみずからを縛り上げた苦しみととらえ、学びと思うて見ておる。残念なれど、人はそれほど縛らねば学ばぬ者たちじゃ。

この世で結婚しているかどうかは、たましいのうえにとっては何の意味もない

子どもができてから結婚する人たちが増えているのですが…。

子どもを授かり、それから夫婦となる者たち。それを意図せぬ結婚であったと思うこともあろう。

しかし、潜在的たましいにおいては、それを選択している。顕在的自覚で否定しているだけじゃ。

「たましいの自覚」と「顕在意識の自覚」。この二つの違いを分けねばならぬ。いわばみずからのたましいが、その道を選択しているだけなのじゃ。それは学びなのじゃ。

それをわしは、否定もしない。

意図しない妊娠からの結婚も、実は潜在的なたましいの選択

あえて結婚せず、独身で生きていく人たちも多くなっていますが…。

霊性高き者は、現世《うつしよ》において結婚などせぬであろう。

しかし、それを一言で決めてしまうわけにはいかぬ。

なぜならば、恐れより結婚せぬ者もあるゆえ。

霊性高き独身者は、みずからの前向きさによりそうするのじゃ。極端なことをいえば、この人類すべてに対する親和性を感じて独身をつらぬく者たちじゃ。

本来、宗教者における独身はそれがためじゃ。

しかし、時代とともに、ただの苦行をしたいがためにそうしている我慢大会になってしまっておるだけ。

それでは何の意味もないのじゃ。たましいをともなった行動でない限り、何の意味も、役ももたない。

もっと質《たち》が悪いのは、その我慢により選民意識をもつ者たち。現世において大衆のなかで生きる者たちよりずっと、質が悪い。

独身には、霊性の高さからの前向きな独身と恐れからくる独身がある

離婚が当たり前の時代になり、また一方で不倫をする人たちも少なくありません…。

一言でいうて、好きなようにすればよい。

まったくもって興味のないことじゃ。

なぜならば、一言ですませられるからじゃ。

すべては「失うことへの恐れ」をもって生きていることに問題があるのじゃ。それによりもがき苦しみ、転げ回り、転げ落ちるなかで、さまざまな塀にぶつかるであろう。

その一つ一つが、今ぬしが申した離婚であったり不倫であったりしているだけのこと。ゆえ、結婚がどうか、不倫がどうか、離婚がどうか、その細かな種別によって何か説明をするということなどない。すべてひとくくりでよし。

ぬしらは、なぜ結婚をする。なぜ離婚をする。なぜ不倫をする。

物質的価値観ゆえに起こる利己主義的考え、つまり「人のためにに生きたくない」

「愛を失いたくない」「依存したい」という「失うことへの恐れ」からなのじゃ。弱さというてもよい。

では逆に、生きることの哲学、真理につねに満たされ、そして日々の営みも穏やかで、友だちに恵まれ、安らかで朗らかに楽しく生きている者たちが、それらをするであろうか。たましいが満たされている者たちにそれがあろうか。ないのではなかろうか。

何が目的で、何がために生きているか。それをまこと理解することができない限り、もがき苦しむことは続くであろう。

そして、人霊であるという誇りをもてない者たちも、同じことをくり返すであろう。現世《うつしょ》には、獣性ゆえ異性とたわむれる者たちもおるわけじゃ。それは動物じゃ。動物より進化したばかりの者はそうなるのじゃ。

または、そうでなくとも、「失うことの恐れ」、いわば「満たされぬという思い」は、現世という負の世界においては誤った作動を起こす。物欲、食欲、性欲などがそうじゃ。これらのすべては、求めたい、得たいという心が「負の表現」として表れている。

求めたい、得たいという心が「正の表現」として表れれば、生きることの真理、哲学へと変貌《へんぼう》するであろう。しかし「負の表現」とならば、物欲、食欲、性欲へと表現をふくらますのじゃ。

その誤りに気がつかぬゆえ、人は傲慢《ごうまん》であるというのじゃ。

そして傲慢はすなわち、弱さ、無知ということじゃ。

「何かを求めたい」という心には、プラスの作用とマイナスの作用がある

5 たましいの本当の目的を理解していれば、いつか必ず天職は得られる。

食べるためという理由以外に、私たちが仕事をする目的は何かあるのですか。


人は、生業《なりわい》を得ることのみのために物質界に生まれてきたわけではない。

その証拠に、物質の何一つ、幽世《かくりよ》にもってはゆけぬ。財産も、地位や名誉も、みな物質じゃ。物質はこの現世《うつしよ》のみのことじゃ。

では、ぬしらの仕事、生業はなぜあるのか。

いわば、食べるためにある。食べるためという目標がなければ、働くことはなかろう。「食う必要性」という物質界の法則を利用して働かせているわけじゃ。なぜならば、働くということがなければ、人との関わりがなくなっていくからじゃ。

現世《うつしょ》において、「逃げられぬ人との関わり」とは何か。

生業しかない。家族からであっても逃げられるのじゃ。しかし、生業はそのなかにいる限りは逃げられぬ。

生業からは、いくら離れたくとも逃げられぬのじゃ。なぜかといえば、みずからのたましいの学びであるから。変えたところで、カルマ、学びが減るわけではない。別の形で来るだけのことなのじゃ。

否《いや》が応《おう》もなく生業のために人と関わり、切磋琢磨《せっさたくま》せねばならぬ。良き者も、好きでない者も、すべてと交わってゆかねばならぬのじゃ。いわば「みずからの質と違うたましいたちと相和す学び」なのじゃ。生業のほかに、それにもっとも適する学びの道はないのじゃ。

となれば、生業という学びで一番大切なことは何であろうか。物質界では金を得るという目的もあるが、しかし実は、たましいの学び、他のたましいと磨《みが》き合いながらの学びが、生業の一番の目的なのじゃ。

人が仕事をする本当の目的は、
他者との関わりを切らないようにするため

自分に合った仕事、自分がするべき仕事はどうすれば見つけられるのですか。

「天職」とは何か。

それは、みずからのたましい、類魂《るいこん》のなかにある叡智《えいち》じゃ。たましいは、これまでにさまざまな経験を果たしてきておる。それらが天職として備わるのじゃ。たましいの経験は、誰にもある。ゆえ、天職のない者はおらぬのじゃ。おるとするならば、赤子のたましいじゃ。その場合は、なかなかにして過去のたましいの経験が少ないやもしれぬ。がしかし、ほとんどの場合は、経験があるのじゃ。それが天職となって表れる。

その天職をより広げようという使命感をもつ者は、現世《うつしょ》のなかで他のたましいよりも比較的早くから、そのたましいの思いを打ち出していく。そうでない者は、天職が備わっていながら、奥深くに眠っていてなかなか目覚めぬだけなのじゃ。

天職によって生きれば一番幸せである。

なぜならば、たましいの経験を果たしておるという段階の、そのまた上の向上であるからじゃ。

がしかし、それがままならぬのはなぜか。

たましいの目的が違うからじゃ。

先にいうたように、カルマの解消ということを目的として生まれ出でたほとんどのたましいたちは、天職により輝くよりも、まずみずからのたましいを磨《みが》くことのほうが先決、優先であるからじゃ。

しかし、それらのたましいたちも、「適職」という、やはりたましいの経験をそこに加えていける。

となれば、どの者も最後にはみずからの生業《なりわい》を見出してゆけるはずなのじゃ。

天職を早く得るか、遅く得るかは、この世を生きる目的の違いによる

一度仕事に就《つ》いても、理想を求めて転職をくり返す人もたくさんいますが…。

なぜ、この現世《うつしよ》のなかでなかなかにしてみずからの生業《なりわい》を得られない者がいるか。

いわばそれは、みずからの「我」。みずからのたましいを見つめきれぬ者たちが、理想のみで、または物質的価値観で、その機《はた》の絵柄、映像のみを見ることにより、ただ憧れでもって望むからじゃ。

みずからのたましいに相応《ふさわ》しくないかたちばかりを望むゆえ、苦しむのじゃ。

まことみずからのたましいを理解しておれば、誰しも「適職」に就き、そして「天職」を見出すこともできるわけじゃ。

そのみずからのたましいを理解する道は、残念ながら「経験」でしかない。みずからの経験を通して学ぶのじゃ。

そして一ついえるのは、間違いあらば、必ずつまずくということ。

ぬしらはよく、つまずくこと、前へ出られないことがある。つまずく、つまずくと悩む者がおる。

つまずくということ自体、それが間違いであるからなのじゃ。それに気づかず、いたずらに甘い夢をもつ者がおるのは悲しきこと。

このような者はとくにわが国の者たちに多いのじゃ。みずからをもっておらぬのじゃ。たとえ便所掃除が天職、適職であったとしても、胸を張って便所掃除といえぬ者たちが多すぎるのじゃ。

見てくれ、聞こえ、肩書き。それもいわば物質的な考えなのじゃ。

自分自身の「理想」や「憧れ」が時として理想の仕事を自分から遠ざけている

第３章

幸せの真理

今この瞬間をより輝いて生きるための教え

あなたは今、幸せですか。それとも……。
「幸せ」とは、実に曖昧な言葉です。
同じような境遇にいる人たちでも、
それを幸せと思える人もいれば、
不幸だと思う人もいます。
お金持ちなら、幸せなのでしょうか。
美しければ、幸せなのでしょうか。
たましいの段階での
本当の幸せとはいったい何でしょうか――。

1

この世とたましいの世界とでは幸せの価値観は同じではない。

なぜこの世では幸せな人と不幸な人に分かれるのですか。

幸せな人、不幸な人。
これは、現世《うつしよ》のなかで物質的に見ての判断にすぎぬ。
何がために幸せに見えるのか、または不幸に見えるのか。
おそらく金であったり、地位であったり、美貌であったり。いずれも物質的なことでしかない。物質の視点でもって判断し、ぬしらは幸せか、不幸かという。

しかし、たましいのうえでは、それは通じぬ。この現世において不幸なる者が幸せであったり、幸せな者が不幸であったりもする。なぜならば、この現世に生《あ》れるということは、限られた時間なのじゃ。幽世《かくりよ》におけるあり方こそ、まことのたましいのあり方である。

いわばこの現世は、仮の世なのじゃ。

学ぶがために、浄化向上のために、この現世はある。となれば、この現世のなかに幸いを求めたところで何の意味があるか、ということじゃ。

極端なことを申せば、現世にはさまざまな試練があって当然。なぜならば、それを求めて生まれて来ておるからじゃ。

この世とあの世では、幸せと不幸の価値観は正反対

どんなに頑張っても報われない人もいれば、努力せずに成功する人もいます。

この現世《うつしょ》の者たちには年齢がある。いわば、「肉の年齢」じゃ。小さな稚児《ややこ》がいて、そして年のいった者がいる。ぬしらはその両方に、同じだけの負荷《ふか》をかけるべきと思うであろうか。

幼児から、子ども、大人、老人に到《いた》るまでさまざまな層があるが、それらに同じだけの負荷をかけられるであろうか。

それは、無理なのじゃ。

たましいにも年齢がある。先の「肉の年齢」に対し、「たましいの年齢」じゃ。そのたましいにより、経験の幅が違うのじゃ。

経験なきたましいに、その器《うつわ》以上の学びがあれば、そのたましいはつぶれてしまう。また、大きな器をもつ者が、たやすい試練としか出会わなかったならば、充実して生きた心地がせぬであろう。目的に反するのじゃ。

ぬしらのいう幸せな者、不幸な者があるのは、そのためじゃ。苦労をしている者、楽をしている者があるのは、そのためじゃ。

「たましいの年齢」に関わるわけじゃ。

いわば、この現世において幸せと見ゆる者がいても、それはある意味、まだたましいが成熟しきっていないからともいえる。困難多き者は、それなりの、耐えうるだけの器をもち、みずからがみずからに試練を与えたともいえるのじゃ。

がしかし、これもまた、すべてとはいえぬ。

なぜならば、まことみずからに向上のための試練を与えての苦しみであるならばよいが、みずからのカルマにより生み出している苦しみもあるのじゃ。

未熟な者がこの現世で、またなおも未熟さを生み、みずからがみずからをがんじがらめにしてしまうということも、よう見かけるわ。これは「向上のための苦しみ」ではなく、「愚かゆえの苦しみ」。

この二つは違うのじゃ。

人は往々にして得手勝手《えてかって》に良きことばかり語るが、しかしそのどちらかであるか、みずからのたましいで冷静に判断するとよかろう。

この世にある苦しみは二種類。
向上のための試練と、愚かさから生じる自業自得

楽に生きたいと思えば思うほど、逆に苦労ばかりが重なって人生が思うようにいかないのはなぜですか。

それは、みずからの傲慢《ごうまん》ゆえじゃ。

ではなぜ傲慢となるのか。人はまこと傲慢であるが、そのように強い存在であるかといえば、それは嘘である。

傲慢の裏にあるのは何か。

実は、「失うことの恐れ」なのじゃ。不安、恐怖心、弱さが、実は傲慢を生んでいるだけなのじゃ。

この現世《うつしよ》に、越えねばならぬ学びがあるとするならば、それは恐れ、不安なのじゃ。いわば「弱さよりの克服」なのじゃ。

人は弱く貧しいものじゃ。どのたましいもそうじゃ。また、この現世では、あぶり絵のように、その弱さが表れ出る。または人は弱さを表すために生まれ出でたというてもよい。

すべて共通するは、わびしさ、寂しさ。「たましいの迷子」であるがためなのじゃ。それらの「失うことの不安」より救い出せるか否《いな》か。ただそれのみじゃ。

良い悪いという判断は、たましいのうえでは成り立たぬ。

何か欠けているか、何か足りないか、何を補うか、ということが大切なのじゃ。

みな孤独なのじゃ。みな孤独じゃ。ただただそれのみにござる。孤独ゆえに人は傲慢になるのじゃ。知らぬゆえに傲慢になるのじゃ。

傲慢さは、弱さを表すのじゃ。

「失うことの恐れ」を克服できたとき初めて、人は孤独から解放される

いろんな生き方を説く本を参考にして実践してみても、今まで人生が良くなったためしがありません。

ぬしらの世界で最近よくいわれている言葉……

「願いはかなう」

「努力は報われる」

「好きなことをするのが幸せにつながる一番の道」……。

確かにそうであろう。が、受け取り方を間違えてはならぬ。これらはいわば、免罪符《めんざいふ》じゃ。幼きたましいほど、それらの言葉に魅力を感じるであろう。

「願いはかなう」。確かに、正しき目的であれば、願いはかなうであろう。

「努力は報われる」。それも確かじゃ。

ただそれは、努力の意味がわかってのことじゃ。努力とは何かがわからずして、どう努力できるか。間違ったことをごり押しすることが努力と思うていたら、いつまでも無理じゃ。「冷静なたましいほど向上す」というほうが正しかろう。

「好きなことをするのが幸せにつながる一番の道」。さよう。たましいによる好きなことをするのがいいのじゃ。物質界の好きなことではない。ここを間違うべきではないぞ。

これらの言葉をすべて物質的な視点で誤って解釈し、表現すれば、この世はすべて崩壊するぞ。

いわば免罪符が欲しくて、みなそれを信じるのじゃ。みずからが間違いをわかっておるのじゃ。しかし、その間違いに気づくことは苦しい。そして正しき道を歩くことは苦しい。ゆえ、それらの言葉を励みにし、みずからに免罪符を与えておるだけじゃ。

しかし、それは現世《うつしよ》のなかではなんとかごまかせても、幽世《かくりよ》では、ごまかせぬ。

現世は、限られた時間。あとで後悔するのみじゃ。

ぬしらのよくつかう「ポジティブな生き方」も同じじゃ。目的がわかってこそ、理解してこそ、前向き、ポジティブ、となるのじゃ。ただ前向き、ごり押しでは、それは傍若無人《ぼうじゃくぶじん》なわがままじゃ。

それらをいったところで、理解できぬ者もあろう。

たましいの低い者は、同じ言葉を聞いたところで理解できぬのじゃ。しかたなし。未熟ゆえじゃ。赤子に説法したところで始まらぬ。

人生を説く魅力的な言葉を学ぶよりも自分自身の生きる目的を知るほうが大事

2 金持ちと貧乏、長生きと短命……どちらの側にもたましいの意味がある。

金持ちと貧乏とでは、どうしても金持ちのほうが幸せに思えます。

金持ちと、貧乏人。ぬしらはたやすく物質でもって、幸せ、不幸を測ろうとするが、これもまた間違いやすいのじゃ。

大いに物質をもっていても、その内情は、苦しみのなかにおる者も多い。

また物質はそれほどなくとも、幸せに暮らしている者も多い。表面で人は測れぬものぞ。

人はなぜ表面でそこまで判断してしまうか。

すべてはみずからのたましいの映し出しであるからじゃ。

金にこだわるたましいは、人を金でしか見ぬ。幸せの測りは金である。ゆえ、金をもっていれば幸せ者、もっていなければ不幸、と判断するであろう。

金に基準をおいておらず、愛情のみに価値をもつ者は、また違う視点になろう。

みずからのたましいの目が、相手の幸不幸を決めているという事実を知っておくべきじゃ。


「金持ち＝幸せ」ではない。

それをうらやましく思う人こそ金にこだわりある証《あか》し

金儲け優先の人たちにもたましいのうえでは、何か学びがあるのですか。

現世《うつしよ》には、金を稼ぐことを一番の目的にしているような者たちもいる。その者たちは、とことん稼げばよい。それ自体が、その者の学びじゃ。

どれだけ進めても、尽きぬはずじゃ。欲望は尽きぬのじゃ。一を十にしたところで、十が二十にならねば不幸せ。二十を三十にしなければ……と、尽きぬのじゃ。

しかし、それだけの金儲けをするには、そのぶんの苦労がつきまとうゆえ、それはそれで、金持ちを毛嫌いすることはないのじゃ。その金を得るための苦しみがその者の学びとなるからじゃ。

ただ金持ちを批判し、貧しき者をもちあげるのはおかしい。

なぜならば、金持ちは金持ちなりの苦労をしておるからじゃ。正しいとも、間違いともいえぬのじゃ。

貧しき者でも、苦労しておる者は尊重すべきであろう。がしかし、怠け、怠惰《たいだ》により貧しき者は、それに値せず。

金持ちを毛嫌いする者は、みずからのなかにこだわりがあるからじゃ。こだわりのなき者は、金があろうがなかろうが気にもせず。

ゆえ、こだわるほどならば、みずからがさまざまな経験を通して金持ちを経験してみるがよい。誰にでもできることぞ。どのような手だてをつかってでも、この現世の掟《おきて》にふれぬギリギリまで浅ましさをもてば、ある程度は誰にでも得られる。

しかし、そのとき幸せかどうかは別じゃ。

金を稼ぎたければとことんまで稼げばよい。
ただし、それが幸せかどうかは別

やはり清貧の実践こそが、幸せな生き方につながると思われますか。

ぬしらのいう「清貧」は幸せであろうか。

金がある、ないのこだわりもなく、生きる喜び、みずからの目的のみをもっていれば、清貧は幸せじゃ。

しかし、ただ怠惰《たいだ》により、またはみずからのたましいの弱さ、傲慢《ごうまん》さにより貧しき者は、ただの不幸じゃ。

物質は口も利かぬ。金は口も利かぬ。みずから歩くこともない。すべては、人の心の表現なのじゃ。

金とは、いわば舞扇《まいおうぎ》(日本舞踊につかう扇)なのじゃ。舞扇を華やかに扱って舞う者がいる。または舞扇をもっていても、ほとんど目立たぬ者もいる。それが金じゃ。たくさんもっていてもケチな者もあれば、物質豊かでなくても貧しき国に寄付する者もおる。それがその者その者の舞扇の扱い方なのじゃ。

みずからに与えられた舞扇を、どれほどに利用し、どう表現するかじゃ。
大切なのは、いかにつかうかじゃ。

たましいのレベルは金の「ある」「ない」では測れないが、そのつかい方で測ることはできる

なぜこの世には長生きする人もいれば、短命な人もいるのですか。

早く亡くなる者、長生きする者。

ぬしらは単純に、長生きする者をうらやましいと思うようじゃな。

しかし、それも物質界の話じゃや。わしらの言葉を聞けばおよそ理解できるであろうが、幽世《かくりよ》においての幸せと、現世《うつしよ》の価値観は違う。

いわば、この現世において早死には不幸。しかし、たましいの世では幸いなのじゃ。

なぜならば、この現世は仮の世、学びの世、苦しみの世であるからじゃ。

早く亡くなった者は、それを切り上げたということじゃ。学びの達成が早い。そして、早くに帰る。ぬしらの言葉でいうならば、「卒業」なのじゃ。現世で、「良き人ほど早く死ぬ」というであろう。

そしてまた、経験としてそうなる者もいる。いわば、若死に、早死にを経験したくて現世に来ている者じゃ。

逆に、どんなに死にたい者でも、迎えがなければ死ねぬ。いわばそこに学びがあるわけじゃ。

長生きして、老いていく憂《うれ》いをもつ経験をしたくて、来ている者もおる。すべて、一つの道ではないのじゃ。どの者もさまざまな理由をもって生きておるのじゃ。すべてが神秘なのじゃ。

長生きすることも、短命であることも、すべてに意味があるのじゃ。意味なく早死にすることもないのじゃ。

そしてもう一つ、幽世と現世ではまるで価値観が逆である、ということを知ることじゃ。

逆にわしら幽世の者も、幽世での早死には悲しいのじゃ。幽世における死、とはどういうことか。この現世に生まれるということじゃ。

しかし現世では、その子どもを待ち望んでいる者がたくさんいる。赤子を授かれば喜びである。歓迎もされる。しかし、その子どもも、幽世では哀れなたましいじゃ。

現世にとって短命、早死には悲しきこと。

しかし、幽世にとってみれば、現世での短命は喜ばしき出迎えじゃ。試練の場より、修行を終えて帰ってまいるわけであるから。

この世とは逆に、あの世では早く死ぬことが喜びとなる

美人に生まれた人とそうではない人とのたましいのうえでの違いは何ですか。

きれいに生まれる者と、そうでない者。それも意味があるのじゃ。

なぜきれいに生まれるか。

かつてのたましいの思いに恨みがあるからじゃ。いわば、そうでなかった経験があるからじゃ。

きれいでないことによる屈辱などを受けた思い。それがために、美人として生まれて来るのじゃ。美人にたましいの良い者が少ないのは、そのためじゃ。美人で性格も良いという者がなかなか見受けられないのは、そのためじゃ。

それは、なぜか。

美人であることに意識ばかり向けるからじゃ。

そこになぜ意識を向けねばならぬのか。

こだわりがあるからじゃ。美人として生まれ、ちやほやされて、それがまことの幸せにつながったか否《いな》かを、その者のたましいは見ておるわけじゃ。

そうでない者は、人の純粋なる心を見るために来ておるわけじゃ。

となれば、美人に生まれぬことのほうが幸せということぞ。まことの心と接して生きられるということであるから。

今の話は女だけではない。男とて同じ。

美女、美男子に幸せになる者が少ないのは、そのためではなかろうか。人の心を信じられなくなってしまうからじゃ。

美人に生まれないほうがむしろ幸せ。本当の心と接して生きられるから

みずからの顔や肉体を整形手術で変えてしまう人が増えていますが…。

わしは、否定はせぬ。

なぜか。

それによってたましいを変えていく、という気迫だけは認めるからじゃ。

がしかし、霊的にいえば幽体《ゆうたい》は何一つ変わらぬ。それによってたましいは変わらぬということじゃ。

どの者も、みずからの姿が、みずからのたましいの表れであるのじゃ。ゆえ、どのようにつくり替えたとてたましいは変わらぬ。幽体も変わらぬ。肉体をつくり替えたところで、それと重なる幽体の形は変化せぬのじゃ。現世《うつしよ》のみの限定なのじゃ。

美容整形をした者は、整形前の顔でもって現世で学ぶべきことがあったわけじゃ。

ならば、それを変えたところで学びはなくなるか。

いいや。別の形でくるだけじゃ。学びの分量は、変わらぬ。増えもせず、減りもせず。同じ人生のなかで、別の形の学びが来るのじゃ。

不細工といわれた者がそれにこだわり、卑下《ひげ》し、つくり替えたところで、不細工とはいわれぬようになるやもしれぬが、しかし、いわば不細工といわれるところに意味があって、人の心の痛みなどを学んでおったわけじゃ。まことの美しさとはいかなるものかを学んでいたわけじゃ。

それをしかし、その苦しみから姿をつくり替えれば、たとえれば今度は、生業《なりわい》のなかで人から突っつかれたりするやもしれぬし、その他のことで来るだけなのじゃ。学びは、同じなのじゃ。

それでもその苦しみより逃れたいのなら、それもよし。

しかし、学びは減りもしないと知っておくべきじゃ。

その割りきりをもって、自分の責任でするならば、美容整形も否定はせぬ。

人工的に顔かたちをきれいにしても、たましいのレベルでは何一つ変わらない

3 運が良い人と運が悪い人の境目は「思い」の強弱の差でしかない。

同じようなことをしても、運の良い人と運の悪い人がいます。その違いはどこから生じるのですか。


この現世《うつしよ》のなかでは、基本的にすべては「念力」なのじゃ。運、不運の差は、いわばその念力があるか、ないかじゃ。

運良く見える者は、その念力があるのじゃ。引き寄せる力、思いがあるのじゃ。

運のなき者は、その思いがない。いわばどのように活発に見えても、前向きに見えても、その思いがないのじゃ。または甘さ、幼さがあったり、他力本願なところがあったりするのじゃ。

運の良い人と悪い人の差は、「思い」が強いか弱いかによる

みずからの「思い」が大切といわれましたが、決してそれだけでは割り切れない不思議な力があるような気がしてなりません。

さよう。運には二通りある。「運んでくる運」と、学びのために「運ばれる運」じゃ。

みずからの念で運んでくるものか、運ばれるものかの違い。

ほとんどの運は、先にいうたような、念力により引く運じゃ。みずからが引いて運んでくるものじゃ。

真面目にやって、目的ももって、心も清らかな者でも、「運がない」とただ口で嘆くのは嘘じゃ。必ず念力に欠けておるはずなのじゃ。

もう一つは、ぬしが今「不思議な力」と申したような、運ばれる運じゃ。たましいの学びのために運ばれてくる運もある。それには、良き運も悪《あ》しき運も両方あるのじゃ。

良き運が、みずからが何も念をもたずに起こることがある。それは「試し」なのじゃ。いわば学びを与えられておるのじゃ。

たとえれば、何の欲得もなき者に、あるとき大きな財産が入ってきた。しかし、その財産でもってもめた、憎しみ合った、争い合った。となれば、これは学びのために運ばれてきた運なのじゃ。いわばその者は試されているのじゃ。

しかし、突き詰めれば、その「運ばれる運」も、みずからがある程度決めておいたカリキュラム、お題じゃ。ぬしらの世界でわかりやすくいうならば、あらかじめ生まれる前に「注文」しておいたもの。それが、人生のある時期に届くのじゃ。

運には二通りある。自分自身が運んでくるものと運ばれるもの

たとえば宝くじに当たるか当たらないか、という運勢は何の力によるものですか。

宝くじが当たる、当たらないも、「運ばれる運」じゃ。ほとんどは、運ばれてくることが多いのじゃ。ゆえ、あぶく銭、残らぬ金となりやすい。そして、当たったところでいやな思いをするものじゃ。

もちろん念力もある。どうしても当たらぬと申す者は、まことの欲がないからじゃ。どこかで当たらぬ、運ばれてこぬという確信をもっておるのじゃ。

もちろん変えること、念力を変えることはできるぞ。是が非でも当てようと。しかし、そのほかについてくる「土産」も忘れぬように。必死に念を込めて、それらを手に入れたときに、その「土産」として、ゆすり、たかりがついてきたというようなことじゃ。

また、宝くじに当たるということを、念で引き寄せるということ自体の念が、楽して儲けようという念ゆえ、よけいに念力にならぬのじゃ。

それよりも、みずからの念により、何か必死に努力して儲けようと思ったほうが、金は入るものじゃ。

宝くじが当たるのは運ばれる運。念力で当てることもできるが、その分の代償もつく

4 占いや血液型診断では人のたましいは決して測れない。

人の一生には、順調な時期と不妥定な時期と波があるのはなぜですか。

順調な時期と、何をやってもだめな時期。そうした波は、誰にでもある。念力をどれだけもったとしても、いつまでも持続できるものではない。

順調、不調の波は、みずからのたましいの、いわば試しのポイント。チェックポイントじゃ。または、たましいのテスト。ぬしらの言葉でいうテストが、人生にもあるということじゃ。

順調なときは順調なときのテスト、不調なときは不調なときのテストがあるのじゃ。

学び、見直し。学び、見直し。そしてときに、休息。

これらが微妙に、絶妙に、織《お》り交ぜられているのが、ぬしらの人生じゃ。

その波には、生まれる前に注文していたものも多少はある。

しかしほとんどは、いわば類魂《るいこん》が定めておるのじゃ。となれば、ぬしらは類魂の部分ゆえ、みずからが決めた、といってもよいのじゃ。

好不調の波があるのはたましいのテストのため。その時期は自分自身が決めている

この世には「厄年《やくどし》」というものがあり、この時期によくないことが重なると信じられていますが…。

「厄年のせいで人生が悪くなった」などと、ぬしらの世界ではいう。

しかし、これには意味がない。

たましいのうえに厄年はないのじゃ。

それは物質界ののみのこと。いわば肉体のみのことじゃ。

肉体がこの現世《うつしよ》に生《あ》れてから、ある期間ごとに故障時期がある。厄年とは、その時期であるだけじゃ。

いわば、肉体の点検時期なのじゃ。

ゆえ、病が多いのであろう。となれば、肉体のことのみに気をつければいいのじゃ。

それ以外の悪《あ》しきことがらが起きたというならば、それはみずからが、厄、厄と気にする思いが、厄《やく》を引き寄せたからじゃ。

「厄年」はあくまでも肉体の点検時期。たましいに「厄年」はない

たましいのうえでは この世の「占い」の信憑性《しんぴょうせい》はどう考えられているのですか。

ぬしらの世にある「占い」の信憑性は、残念ながら、まるでない。占いには、何の真理もないのじゃ。それに振り回されるのは、人の心の弱さの表れじゃや。

しかし、占いの元は、今のぬしらが思う占いではないぞ。旧《もと》の占いとは、自然界、天界の、いわば通信をとるための元であったわけじゃ。お告げの元であったのじゃ。これは、ある種、通じてきたわけじゃ。

「いかようにすれば雨を降らせることができるか」、「稲だの作物だのをいかように育てるか」なりを、自然霊たちに尋ねた儀式が、占いの始まりじゃ。

今のぬしらのいう占いは、いわば統計学。しかし、人のたましいは統計で測れぬものぞ。

なぜならば人の顔かたちが違うように、たましいの目的はみな違うのじゃ。

ぬしらたちが生まれ出でるときにもってまいった目的、決めてまいった目的。それらを測ろうとすること自体、無理があるのじゃ。となならば、占いで何も見えず。占いで人生は変わらず。

「占い」は統計学にすぎない。人のたましいまで測ることはできない

風水や血液型診断なども、たましいへの影響はないということですか。

「風水」も占いと同じ。それらで人生が変わるならば、逆に、人生は不平等ではないか。

それぞれのたましいは、みずからの学びをもって生まれてきておるのじゃ。それを占い、そして風水などでその目的を果たせるとするならば、生まれてくる必要があろうか。

現世《うつしよ》での苦労、努力をすべて否定することとなる。

「血液型」の話もぬしらは好きじゃ。がしかし、これも同じこと。人を測ることはできぬ。測ることがあるならば、物質、肉体としての種別。または、その個性。肉体的個性のみ、測れるであろう。

たとえば、ぬしらが「O型であれば強い」「A型であれば弱い」などというのを耳にするが、ただ肉体的に強い体力をもつ血液型と、肉体的に繊細となりやすい血液型とがあるということの判断であろう。それを「当たる」と思うこともあるのであろうが、基本的には何も変わらぬ。

それが励みとなるならば、それも否定はせぬが、それにより心の自由を奪われるようであるならば、そのような不自由はなお要らぬ。

人は、不自由が好きなのじゃ。何かに束縛されて生きたいのじゃ。自由を求めるという言葉は、嘘なのじゃ。まことの自由に耐えられる者がどれだけいよう。自由には責任がともなうゆえ。

人は、不自由ななかで依存して生きている、弱い生き物なのじゃ。

風水や血液型で人生は何も変わらない。励みとするにとどめるべき

5 今の時代こそ、たましいの感性を取り戻さなくてはならない。

ここ数年、凶悪な犯罪が増え、ますますこの世の中は悪くなる一方で不安です。

今に始まったことではないが、この日本のみならず世界が、人霊の世界ではなく、まこと自然霊界となっておる。

いわば、人霊の力薄き時なのじゃ。

人霊のたましいの輝きがまったく感じられぬようになってしまった。すべては、それが理由となってのことがらばかりじゃ。

今、幽現（あの世とこの世）の境にある世界にはびこるは、実に未浄化なる自然霊たちじゃ。

そして人霊も、まことの輝きなく、自然霊化している。未浄化なる自然霊に感応し、憑依《ひょうい》を受けているのじゃ。

今、この国だけでなく、どの国や地域を見ても、「物質中心主義」とでもいおうか、または「自然霊主義」となっているのじゃ。

みずからの思いのためであるならば、手段は選ばず。「情け容赦《ようしゃ》ない」とよくいうが、それが今の時代でないといえようか。

まこと、「たましいの乱世」と呼ぶべき時代じゃ。

今この地球上では人霊の輝きが失せ、未浄化な自然霊がはびこっている

「自然霊」とは何ですか。なぜそれがこの世に悪い影響を与えているのですか。

自然霊とは、一度も肉体に宿ったことのないたましいたちじゃ。

自然霊にも、高い、低いと、さまざまな段階がある。今いうたのは、未浄化な低い自然霊のことであって、高級な自然霊もおるのじゃ。ぬしらのいう「神」も、実は自然霊じゃ。

人霊はこれまで、その自然霊と調和、共存し、そして自然霊に感謝し、生かされ続けてきたのじゃ。

それら自然霊界は、霊界の意志にもとづいて動くことも多い。

たとえば津波。これによってたくさんのたましいが、この現世《うつしよ》の肉体として終わることがある。多くのたましいが、いっせいに幽世《かくりよ》に帰る災害には、この津波だけでなく、たとえば火山の爆発、噴火などもあるが、すべてが自然霊の働きじゃ。それらはすべて意味のある霊界の働きであるが、それを自然霊界がするということじゃ。

それ以外のときには、自然霊界は人霊に対し、恵み、恩恵をもたらすわけじゃ。古きときより人霊たちはそれらをしかと理解し、その恩恵に与《あずか》ってきた。

ではなぜ、未浄化な自然霊が増えたか。

それは、この現世の者たちが、代々受け継いできた自然霊への信仰の心を失ったからじゃ。感謝もない。生かされるという思いが、ないのじゃ。

自然霊界を粗末にし続けてきたことで、この地上に天下《あまくだ》っていたさまざまな自然霊たちがみな朽《く》ち、離れ、穢《けが》れてしまった。そして、未浄化な自然霊ばかりがたむろするようになっているのじゃ。

未浄化な自然霊がこの世に増えたのは、人霊が自然霊界への感謝を忘れてしまったため

同時多発テロなど、世界的規模で起こっている事件は何かを暗示しているのですか。

ぬしらの世に起きている具体的な事件など、わしらは何にも感知せず。あるのは「たましい」だけじゃ。

しかし、すべては先に話した通りの流れにあてはまるであろう。されたら仕返す、制裁を加える、これはまさに自然霊じゃ。

そして、それを喜ぶ者たちも、自然霊。

その象徴になったのが、今ぬしが申した「事件」であろう。

いわば人霊が傲《おご》り高ぶっているわけじゃ。傲慢《ごうまん》であるのじゃ。それらがみずからの首をしめているということなのじゃ。

これより先ますますに、問題となるであろう。そのことに気づくまでくり返されるであろう。

それを止める手段、流れを変える手段があるとすれば、それはたましいの「感性」のみじゃ。
人霊が、人霊としての感性を取り戻さなければならぬのじゃ。

今こそ人は、おごりを捨て、
たましいの「感性」を取り戻すべきとき

たましいのうえでは、「引きこもり」や「うつ病」の増加をどう考えるのですか。

現世《うつしょ》にこのところ増えている、うつ状態、引きこもり。

いわば、そのような状態にある者は、たましいを萎縮《いしゅく》、または封鎖《ふうさ》しているのじゃ。「たましいの心停止状態」といってもよかろう。みずからのたましいが何かしらの理由により傷つき、そして停止してしまった状態なのじゃ。

なぜ停止するか。

実は、みずからの愚《おろ》かさと傲慢《ごうまん》さなのじゃ。

なぜ傷つくか。傲慢さがあるからじゃ。

自意識の過剰《かじょう》であったりもする。「傷つく」ということは、みずからに傲慢さがあるゆえじゃ。

まことの謙虚さをもつ者は、傷つくという傲慢さがない。みずからは愚かでアホで、何の取り柄《え》もない者と思う者は、傷つくこともない。

たましいにも年齢があると、先にいうた。ある意味、子どものたましいとして生まれる者たちもいるということじゃ。

そのたましいも、この現世のなかである程度育てられれば学びもし、強くもなる。しかし、その環境が本人を少しでもより大人にさせることなしに、この現世の社会に出せば、子どもを、いわば幼児を社会に送り出したようなものなのじゃ。足蹴《あしげ》にもされるわ、つまはじきにもされるわ、叩かれもするであろう。そして脅《おび》えておるのがそのようなたましいの姿じゃ。

しかし、それも一つの道。引きこもりには、他の理由もある。

いわば、「たましいの整理」のためにそうなる者もおるのじゃ。

現世は基本的に「まやかしの世」じゃ。「誤りの世」でもある。それらに不意に気がつくときがある。さまざまな苦しみのなか、いわば人生上のさまざまな苦悩のなかで、そこに行き着くときがある。

そのときにも、その者はいったん、物質ではなく、たましいに注目する。ゆえ、先の「たましいの心停止状態」と同じような症状をもつのじゃ。

いわば、生きることへの戸惑《とまど》い、迷いが生じ、たましい、または心の整理整頓を果たしているのじゃ。

どちらの理由による引きこもりか。その見極めこそが大切じゃ。一つだけではないのじゃ。

引きこもる理由には二通りある。
たましいの萎縮によるものと、たましいの整理のため

この地球上では、戦争や貧困で苦しむ国や地域が少なくありませんが…。

ぬしらのようなこの国に生きる者たちは、とりたてて目前で人が殺されたりするところを見てはおらぬやもしれぬが、この星、この地球上では、誰かが目の前で殺される、みずからが人から殺される、それが日常のなかで行われているところもある。

なぜそのようなところを選んで生まれるたましいがあるか。

ぬしらから見れば、それを気の毒と思うであろうが、しかしその者は、「熱心な求道者《ぐどうしゃ》」じゃ。過酷な環境を選び、そのなかから大いに学ぼうとしているのじゃ。

そしてぬしらは、それらを見るなかで、目に映ることすべてを学ぶ立場、そこで何ができるかを考える立場を選んできておるのじゃ。

しかし、ほとんどの者は、動物のように「小我《しょうが》」のみで生き、どこで誰がどのような策略を起こそうが、無関心。そのような地域で生まれた者はただ「かわいそう」という、実に幼稚なたましいの視点でしか見られないのが残念じゃ。

その立場にいる者も、それを見る者も、同じ学びであるということに気づいてもらいたい。

もちろん、じかに体験する者たちとは、感動が違う。

しかし、同じ世を見ているということ、同じこの時代に生まれたということでは、共通の求道者であるということじゃ。


過酷な環境に生きる人は熱心な求道者。

しかし、それを見ている立場にいる人も学びは同じ

未来ある子どもたちにどのように人生の真理を教え、導いていけばよいのですか。

子どもに対し、人生をいかに教えるか。

まず、死人が人生を教えることはできぬ。ゆえ、まずは「肉のうえでの大人」が目覚めることとなのじゃ。この現世《うつしよ》の住人を蘇《よみがえ》らせねばならぬのじゃ。

死人が子どもに人生の喜びを教え、たましいを吹き込むことはできぬ。

大人がたましいの喜びを得てこそ、子どもにその喜びを伝えることができる。喜びのない大人が、どうして子どもに喜びを伝えられよう。

今のこの現世の若い者たちはみな、死人の顔じゃ。

子どもたちも、ものの喜びによる笑顔しかない。ゆえ、その物質に見放されたときには、死人じゃ。

大人も同じ。

しかしそれもまた、すべて学びである。大いに行き詰まるべきじゃ。

放棄はせず、あくまでも喜びを求めて欲しいのじゃ。
求める心まで失えば、もはや人霊ではなくなってしまうぞ。

大人がたましいの喜びを得ることができれば、自然と子どもに伝わる

6 きれいに生きるよりも、失敗を恐れず精一杯生きることが幸せへの近道。

暮らしがどんなに便利になっても、日々の生きにくさはまったく解消されません。

この現世《うつしよ》は傲慢《ごうまん》の渦《うず》。傲慢がこの現世をつくっておるのじゃ。そして、その傲慢によりみずからの首をしめておる。それが今のこの現世じゃ。現世は今、物質に恵まれているやもしれぬ。がしかし、物質があふれるがために、たましいはむしろ不自由になっているといえる。

それは、わしが生きた時代とて同じじゃ。まるで同じ。わしがこの現世に生《あ》れたときも、今と同じ心境にあった。今を見れば、わしの時代よりも物質の分量は多いやもしれぬ。しかし、不自由を感ずるか否《いな》かは、同じと思うてよいであろう。

物質的に目に映るものは、確かに大いに違う。がしかし、たましいは何一つ変わってはおらぬ。つねにつねに、影の世は、影を見ていくのじゃ。それは、今も、わしの時代も変わらぬのじゃ。戦《いくさ》とて今も変わらぬ。人のたましいにある戦が消えぬ限り、形は何も変わらぬ。同じなのじゃ。

ぬしらには、過去をさかのぼればよほど違うと思う傲慢さがある。いや、まこと同じじゃ。物質の数が増えたとて、何ら変わりはない。わしらのころも、わしらなりに物質に満たされすぎだと思うておった。

あればあるで、それが当たり前となる。

なければないで、それも当たり前なのじゃ。

便利さをなぜ求めるか。弱さじゃ。弱さゆえ便利さを求める。

しょせん物質にすぎぬ。ぬしらは失うことの恐れゆえ、弱さゆえ、物質で満たされようとする、先にいうた、食欲、物欲、性欲のうちの、物欲なのじゃ。

今の現世を語るとき、ぬしらはよく「多様化」「複雑化」などと、みな被害者のように申すが、誰が複雑化させたのじゃ。
本《もと》つたましいは単純ぞ。誰が複雑にしたのか。ぬしら現世の者たちじゃ。複雑化させたそのぶん、みずからが悩んでおるだけではあるまいか。

人はいつの世も便利さを求め、その便利さによって苦しめられている

経済的に恵まれた場所で生きるより、貧しくても自然に近い土地で生きるほうがたましいのうえでは貴いことなのですか。

同じこの時代、同じこの地球上に生きる者たちのなかには、ぬしらとは物質の量が違う国、自然により近い状態で生きておる国の者たちがいる。

がしかし、その者たちと、物質多きぬしらの国に住む者たちを比べても、傲慢《ごうまん》さは変わらぬ。

より深く自然に感謝し、敬虔《けいけん》に生きているように見えるであろう。しかし、大きな火種が少ないだけじゃ。

そこにも、傲慢ゆえの問題はあるのじゃ。いかようにしてみずからの領地を取るか。または、意に添わない者、掟《おきて》に従わない者は村八分。そして、こまかな小競《こぜ》り合い。

ぬしらと同じじゃ。弱さは同じじゃ。

弱さが同じということは、弱さの表現も同じ。国、場所によって、その表現につかう道具が違うだけじゃ。

住む場所や文化が違っても、たましいの学びは同じ。

今の物質優先社会を否定して極端な自然回帰を目指している人たちもいます。

今この現世《うつしよ》のなかで何が求められているかといえば、物質中心における価値を、いかにして解《と》いてゆくかじゃ。

すべての不幸、災《わざわ》いは、物質中心の思想にある。

しかし、物質を間違ってとらえてはならぬ。いわば物質が憎むべき相手ではないのじゃ。物質の操《あやつ》り手である、ぬしらたましいの問題なのじゃ。もしかりに物質界が憎しみの世界であったならば、そもそもこの物質界をもたなかったであろうし、つくらなかったであろうともいえよう。

今ぬしが申したように、物質界を否定する者たちもいる。たましいを重んずる、いわば現世における精神主義者という者たちは、時にこの物質界を呪《のろ》うように生きている。

しかし、これもまた誤りである。なぜならば、物質が物質として生きることがないからじゃ。物質にたましいはないのじゃ。いわばその物質を操《あやつ》る担《にな》い手であるたましい、人霊に問題があるわけじゃ。

となれば、あくまでも憎しむべきは、現世ではなく、たましいの到《いた》らぬ部分なのじゃ。

物質そのものが悪いのではない。すべての不幸のもとは物質中心の考え方にある

豊かさに慣れてしまった私たちは、正直、この便利な文明社会を手放すことはなかなかできません。

わしはこの物質界を否定はしない。便利と呼べる物質界――わしは便利とは思ってはおらぬが、ぬしらが便利と思う物質界――を否定することもないのじゃ。

なぜならば、ぬしらがつくり上げたものにより、ぬしらが苦しむのであるから。

それは、ぬしらがつくり上げる因果律《いんがりつ》であるのじゃ。ゆえ、なぜそこまでつくったと責めることもないのじゃ。

たとえば、交通事故。これも現世《うつしよ》の者たちみずからがつくり上げたことじゃ。

現世の者たちが道をつくる。車をつくる。その便利さがために現世の者たち自身が犠牲になるわけじゃ。

しかし、その犠牲になった者は、みずからがつくった車によって犠牲になったのではないやもしれぬ。それを人は理不尽《りふじん》と思うであろう。

しかし広義で見れば、すべては類魂《るいこん》じゃ。類魂がつくったこと、したことなのじや。

そしてまたもう一つ、実に冷たく思うやもしれぬが、犠牲となる者も、幽世《かくりよ》における類魂のなかで、寿命を定めてきているのじゃ。寿命は現世の者たちが定められぬもの。

ゆえ、「このときこうすれば死なぬでよかった」ということはないのじゃ。

そして、死に差別はないのじゃ。

こけて死のうとも、病で死のうとも、一見むごたらしい死に方であっても、死に違いはない。みずからがつくり上げた因果《いんが》により、死ぬべきときを迎えた者が、交通事故なりを利用するだけなのじゃ。

そして、人を殺す車を運転していた者は、その者としての学びがあるのじゃ。その者がこれまでにつくり上げてきた因果を、交通事故犯罪者として解消しようとしているわけじゃ。一つの事象を、さまざまなたましいが、幾重《いくえ》の理由により利用しているということがおわかりか。

それを冷ややかに、良きことということではないぞ。それらの事象をつくり上げているみずからのたましい、人類すべてひとくくりの「みずから」として、それを悔《く》やまねばならぬのじゃ。

目に映る事象のすべては、みずからの部分じゃ。となれば、そのようないわば交通事故を目にしたり、耳にしたりした場合には、みずからの部分として、感じ、戒《いまし》めねばならぬのじゃ。

何気なく目にしたテレビのニュースとて、みずからと無関係ではない。それを目にした者はみな、人類を総括した広義の「みずから」に対し、謝らねばならぬのじゃ。

交通事故死にもたましいの学びがある

この世でたましいをより輝かせるためにはどのように生きればいいのですか。

経験は学びなのじゃ。

やりたいだけやればよい。

そこから何に感動したか、たましいが何を感じたか。

その経験こそが宝じゃ。

知でもってそれらを阻《はば》み、ただおとなしくこの現世《うつしよ》を生きろというために、わしは生《あ》れておるわけではないのじゃ。それらを思う者たちは、「たましいの身の丈《たけ》」を大切にと思うであろうが、しかしすべては経験じゃ。学ばずしてただうごめいておるよりも、経験を果たすべく、やりたいだけやることじゃ。

それがあとで喜びとならずとも、たましいの学びにはなるゆえ、やればよい。

現世はいかに限りあるときか。

であるならば、恐れて生きるよりも、とことんやりたいようにやればよいのじゃ。

たとえ失敗をくり返しても、
その経験は必ずたましいの学びにつながる

自分の好きなように生きてしまうと、なんだか最後にバチが当たるような気がしてしまうのですが…。

この現世《うつしよ》において「罰《ばち》」はないぞ。間違ってはならぬ。すべては因果律《いんがりつ》なのじゃ。バチと呼べるものがあるならば、因果律だけ。みずからがみずからに下しているだけじゃ。

「神」は、愛、すなわち調和である。その神が、ぬしらに何かを下すということはないのじゃ。ぬしらの世には、「天罰《てんばつ》」という言葉もあるが、それは宗教がつくった脅《おど》しじゃ。

神のなかにある類魂《るいこん》、その類魂みずからがみずからに下すだけなのじゃ。たとえば家族の問題も同じ。みずからの自律心でもって、家族のことから何から、すべてを協議してきたのじゃ。類魂が決めたのじゃ。ということは、みずからがたとえこけて頭を打ったとて、それはみずからが決めたのじゃ。誰のせいでもない。

それがたましいの学びや生き方に合っていなければ、必ずつまずく。つまずきは、神の愛じゃ。そのなかで感じ得ればよいのじゃ。そこで初めてたましいの成長がある。そのたましいへの尊重があればよいのじゃ。

ぬしらたましいを見守るという、大御霊達《おおみたまどち》の見守りこそ見習うべきじゃ。

大御霊達すら、ぬしらを自由に学ばせておるわけじゃ。ならば、一人一人が目くじらを立てる必要はない。

ただですら、この現世で生きるということ自体、迷惑がかかっておるのじゃ。きれいに生き抜く者など一人もおらぬ。いるならば、ここに連れてくるがよい。決してありえぬ。もしそう思う者あらば、ただただ弱き傲慢《ごうまん》さなのじゃ。

その思い違いの人生、思い違いのたましいの旅を続けるのと、思いきり走り、思いきりつまずき、そこから気づきを得るのと、どちらを好むかじゃ。望むかじゃ。

しょせん現世に生まれ出でるということ自体、すべての者たちみな、どのような美壁麗句《びじれいく》並べたところで、未熟なのじゃ。

現世の偉人も、物質の偉人ばかり。たましいの偉人ではない。まことのたましいの偉人は、目立たぬところにいるものじゃ。

この世はたましいの訓練の場。つまずきながら思い切り生きることが大切

大胆に生きたい気持ちがある一方、そのぶん傷つくことを恐れて萎縮してしまう自分もいます。

ぬしらは、やすりを使って何かを磨《みが》いたことがあるか。
磨くというのは傷がつくのじゃ。細かな傷が集まって、磨かれるのじゃ。
時に大きな傷もあろう。
しかし傷が、磨くということぞ。傷なくして磨かれることはないのじゃ。
さまざまなその傷の一片が病であったり、金であったり……。
がしかし、病も金も、しょせん物質にすぎぬ。
大いに傷つき、磨かれるべきじゃ。

たましいを磨き輝かせること、
それはこの世でより多く傷つくこと

あとがき

かつて私が孤独の迷路にあったとき、昌清霊《まさきよれい》との出会いがありました。明日を生きる希望すら感じられない、さびしいアパートの一室で、昌清霊は私の前に現れ、語りかけてきたのです。

それは、ある日の朝方のことでした。

何かの呼びかけに、やすらかに目覚めると、私の目の前に大きなシャボン玉のようなものが左右にゆれていました。そしてその下には無数の小さな人間たちが、うじゃうじゃとうごめいて走り回る光景が映し出されました。まるで何かに追われ、逃げ惑っているかのようです。

私は、ただ茫然とその様子をながめていました。

すると遠くから、青紫色の発光体が近づいてきました。それは徐々に何かのシルエットのように見えてきました。

それが昌清霊でした。

昌清霊は大柄な僧ですが、このときの私にはお地蔵さんのように見えました、光の中のシルエットは、私にこう告げました。

「これらの人々を見なさい。世の人々は生きる目的を見失い、逃げ惑っている。これらの者たちをいかにするかが、お前の人生じゃ。お前が生きる目的じゃ」

いい終わると、光は、すうっと消えてしまいました。

あの日からちょうど二〇年が経ちました。

昌清霊が私の人生を暗示したのは、この時ただ一度だけです。

世の人々は、私のような霊能者は、常に幽世《かくりよ》（あの世）の声にしたがって生きているように誤解しています。

たしかに今の私の活動があるのはすべて昌清霊の導きによるものですが、昌清霊が私の人生に関して直接何かを指図したことは、それ以来、一度もありません。私が霊能者としての訓練を積み、昌清霊と交霊をするようになってからも、昌清霊は余計な口出しを一切しませんでした。

私が人生の岐路に立ち、どのようにしたらよいか問いかけたときでさえ、具体的な助言は何もありませんでした。

「すべてはお前の人生じゃ。わしらが指図すれば、お前の人生ではなくなる」
「お前はまだまだ若い。安心して一から学べ」
「できるときはできるのじゃ。ダメなときはダメなのじゃ」
記憶にあるのはこうした広い励ましの言葉だけです。

彼が語ることの中心は、個々の問題への答えではなく、普遍的な霊的真理なのです。私の指導霊であるという以上の役目が、彼にはあるのだと思います。

おそらく昌清霊は、私を通して多くの人々にメッセージを伝えるなかで、同時に私自身をも教育してきたのでしょう。

現に私は、昌清霊の言葉をもとに、常にどうあるべきかを自分自身の感性で見つめてきました。

昌清霊は私の優れた「霊《たましい》の親」だと感じます。

これまでに一度だけ、昌清霊が教育について語ったことがありました。

「教育とは、教え育てることではなく、教え（霊的真理）を育《はぐく》むことである」

たしかに私には、昌清霊たちに育まれてきたという実感があります。

彼らの目的はただ一つ、霊的真理を現世《うつしよ》（この世）に生きる者たちに伝えることです。なぜ今私があえて「たち」「彼ら」と複数で呼んだのかといえば、昌清霊はメッセージの中で、常に主語を「わしら」と語り、大御霊達《おおみたまどち》の大いなる意志を伝えているからです。

彼らから語られてくる言葉に、私自身これまでどれだけ救われたかしれません。私は今、本当のしあわせの意味を知り、とても幸福です。

この喜びを、私は世の人々にお伝えしたいと願い続けておりました。それは彼らの願いでもあるでしょう。なぜなら、彼らが常に繰り返し伝えているメッセージは、すべての存在は「類魂《るいこん》」である、ということに尽きるのですから。

その教えは、人類は一体である、とも言い換えられます。

人間の身体にたとえるとよくわかります。

自分自身を仮に右目とし、他の部位をその他の人々とします。もしもその他の部位が傷つき血を流したとしたら、同じ身体にある右目、つまりあなた自身は、まったく関係がなく、無関心でいられるでしょうか。

そう思えないはずです。無関心でいれば、自らの身、いのちをもおびやかすことになるでしょう。

生きることの真理になかなか気づくことが難しい今の現世。私には人類は真に自滅への道をたどっていると感じられてなりません。だからこそ、昌清霊たちのメッセージが正に必要とされる時代だと思います。

過去においても、霊訓と呼べるさまざまなメッセージが、その時代、時代に合わせてこの世にもたらされてきました。それらのメッセージは主に西洋からのものでした。その先人達の素晴らしい言葉の数々を広めることも大切ですが、今この時代を考えるとき、昌清霊たちの語りかけてくる声は、私たちの心により深く響いてくると感じられます。きっとそれは昌清霊たちのメッセージが、まさにこの時に、この日本へ伝えられてきたものだからでしょう。

今の日本こそ、生きることの霊的真理に目覚めなければならない状況にあります。

本書を読まれるみなさんも、そうお感じになられるのではないでしょうか。

本書のメッセージを、そのような視点で、またあなた自身に語られたメッセージとしてお読み下されば幸いです。

すべての存在は類魂であり、あなたも、私も、昌清霊そして大御霊達も、みなすべては一体なのですから。

江原啓之

本書は、２００２年12月、飛鳥新社から単行本で刊行された『スピリチュアルメッセージ——生きることの真理』を文庫化したものです。

祥伝社黄金文庫

スピリチュアルメッセージ
――生《い》きることの真理《しんり》

令和4年12月20日　初版第1刷発行

著　者　江《え》原《はら》啓《ひろ》之《ゆき》
発行者　辻　浩明
発行所　祥伝社《しょうでんしゃ》

〒101－8701
東京都千代田区神田神保町3－3
電話　03（3265）2084（編集部）
電話　03（3265）2081（販売部）
電話　03（3265）3622（業務部）
www.shodensha.co.jp

印刷所　萩原印刷
製本所　ナショナル製本

　ISBN978-4-396-31831-4 C0195